民企突围

——变现之战、流量之战、资本之战

蔡佩辰　著

中国商务出版社

·北京·

图书在版编目（CIP）数据

民企突围：变现之战、流量之战、资本之战/蔡佩辰著. --北京：中国商务出版社，2024.3

ISBN 978-7-5103-5131-0

Ⅰ.①民… Ⅱ.①蔡… Ⅲ.①民营企业—企业管理—研究—中国 Ⅳ.①F279.245

中国国家版本馆 CIP 数据核字（2024）第 076555 号

民企突围——变现之战、流量之战、资本之战

蔡佩辰 著

出版发行：中国商务出版社有限公司
地 址：北京市东城区安定门外大街东后巷 28 号 邮 编：100710
网 址：http://www.cctpress.com
联系电话：010—64515150（发行部） 010—64212247（总编室）
010—64515164（事业部） 010—64248236（印制部）
责任编辑：曹 蕾
排 版：北京天逸合文化有限公司
印 刷：深圳市和兴印刷发展有限公司
开 本：787 毫米×1092 毫米 1/16
印 张：13.25 字 数：210 千字
版 次：2024 年 3 月第 1 版 印 次：2024 年 3 月第 1 次印刷
书 号：ISBN 978-7-5103-5131-0
定 价：89.00 元

序

民企突围，陪伴这个时代最有梦想的企业家……

对于企业经营，有一句话值得我们反思——"没有成功的企业，只有时代的企业"。一个企业与它所处的时代紧密相连、生死攸关，顺势而为者生。

不得不承认，这是一个充满不确定的时代；这是一个被互联网技术（广泛应用）重新改造的时代；这是一个以高质量发展为新诉求的更加开放的时代；这是一个由千禧一代主导消费的时代。在这些大要素的持续变革下，新的商业模式、新的商业文明、新的组织模式，已经悄然形成。

当下，民营企业面临着多方面的挑战，如经营环境复杂、资金链风险增加、竞争压力不断增大等。其中变现之战、流量之战和资本之战是三大关键战役。

随着互联网的普及和数字化进程的加速，流量已经成为企业生存和发展的重要资源。民营企业需要积极应对流量之战，通过精准营销、社交媒体推广、内容营销等手段，提高品牌知名度和用户黏性，吸引更多的流量。同时，也需要关注用户需求和行为变化，不断优化产品和服务，提升用户体验，从而保持流量的持续增长。

刷短视频已经成为很多人的日常生活习惯。庞大的用户带来了巨大的流量，也有很多人在短视频平台找到了商机。在这个流量为王的时代，抓住流量就能抓住更多、更大的机会，改变自己的生活现状，甚至改变自己的人生。

在获得流量之后，如何将流量转化为实际的收入，是民营企业面临的另一个重要问题。这需要企业具备强大的变现能力，包括有效的销售策略、完善的渠道体系、优质的客户服务等。同时，也需要关注市场变化和竞争态势，不断创新商业模式和盈利方式，提高变现效率。

企业之间的竞争，表面上看起来是市场份额之战、利润之战，但从财务角度上看，其实是现金流之战！现金就是血液，是企业正常运转的基础。一旦现金流出现了问题，企业的根基就会被撼动。要知道，企业的日常经营活动，无不开始于现金而终止于现金。现金以及从现金到存货、应收账款，然后回到现金的及时转换，是企业生存与发展的"血脉"。

小公司没有现金流，会马上经营不下去。大集团没有了现金流，也会马上陷入经营困境。而且，如果应对策略不得当，即便是资产雄厚的大集团，也会难以支撑。

因此，保持现金流才是企业经营之道！亏损的企业只要有现金流，就可以耐心地等待时来运转；而盈利的企业要是没有了现金流，就会立马死掉！

资本是企业发展的重要支撑，也是民营企业面临的一大挑战。企业需要积极寻求融资渠道，包括风险投资、股权融资、债券发行等，为企业的发展提供充足的资金支持。同时，也需要关注资本市场的变化和投资者的需求，加强与投资者的沟通和合作，建立良好的资本关系。

通过引入 VC、PE、战略投资者，利用 IPO、并购重组等资本手段，才有可能将企业打造成优秀的公司。一个创业者，只有在具备了"挣钱"的勤奋与刻苦，又深谙资本市场的"生钱"与"赚钱"之道，达到"钱生钱"的至高境界，才能称得上是一名真正的企业家。也就是说，一个成功的企业家＝实业家+资本家，"实业+资本"是中国企业产融结合、转型升级的一条高效路径。

面对变现之战、流量之战、资本之战，民营企业如何突围？需要采取哪些策略和措施？本书将会带给你答案。当然，只有方法和策略还远远不够，落地才是王道。

营销永远是企业经营之道，在抖音、快手、视频号、今日头条等多元开花的自媒体新时代，我寻找到了一个属于自己的渡口，为无数奋斗在一线的民营企业家奉献自己微薄的力量，让更多的企业家走出经营困境，走向属于自己的辉煌人生。

在这个时代，最有梦想的民营企业家群体正通过创新和努力，推动着我国经济和社会的持续发展。他们不仅是企业家，更是创新者、梦想家和社会责任的承担者。他们的努力和成就，不仅为企业带来了繁荣和发展，也为社会带来了更多的希望和可能。

以此为序！

蔡佩辰

2024 年 2 月

目 录

上篇　模式突围

第一章 ｜ 变现之战

一个企业的尊严从收到现金开始　003

第一节　"收钱"三步曲：
定方向、追过程、等结果　004

第二节　看全局：
看完"地图"再收钱　007

第三节　做规划：
让竞争对手看着你赚钱　010

第四节　落细节：
落地、结果、实效是微观的　012

第二章 ｜ 流量之战

中小民营企业如何抓住时代的流量红利　015

第一节　流量为王：
站在风口上就是踩在巨大流量上　016

第二节　知己知彼：
大企业的经营逻辑并不一定适合你　020

第三节　以不变应万变：
关注"不变的"比"变化的"更重要　022

第三章 ｜ 资本之战

股权的估值拉升,帮助企业做增长　029

第一节　股权融资：
早期项目如何正确估值　030

第二节　股权价值：
企业估值高速增长的要素　034

第三节　估值拉升：
对于企业的增长具有重要意义　038

中篇 营销实战

第四章 | 日日引流

公域传播、外部客户、内部客户带来更多流量 045

第一节 做专家：

从跪式销售向顾问式销售转型 046

第二节 找"鱼塘"：

从带领员工到带领老板 071

第三节 搞裂变：

从辛苦开拓到自动裂变 083

第五章 | 高效成交

一对多营销，打造营销"铁军" 095

第一节 高效成交：

如何提高转化率 096

第二节 批量成交：

从"点对点搏击"到"批量式扫射" 098

第三节 批发式成交：

从"一对一"到"一对多" 102

第四节 打造"铁军"：

从团队"放养"到"铁军"打造 105

第六章 | 终身复购

将客户的终身价值发掘到位 117

第一节 会员营销：

从卖产品到卖会员 118

第二节 项目营销：

从卖会员到卖项目 132

第三节 模式营销：

从卖模式到卖股权吸引人才、吸引资金 146

下篇　战略升维

第七章｜战略引领

不谋全局者，不足以谋一域　　155

第一节　当CGO：
如何帮助企业实现快速破局　　156

第二节　定战略：
有限的游戏，还是无限的游戏　　158

第三节　创价值：
到底什么才是企业家精神　　159

第八章｜战略增长

为什么需要制定战略　　163

第一节　战略方向：
选择发展战略，还是资本战略　　164

第二节　创新精神：
选择技术创新，还是模式创新　　165

第三节　战略布局：
做越大的生意，越不需要花自己的钱　　167

附录1｜极简体系　　174

附录2｜引爆成长工具箱　　175

工具一：任正非《致新员工书》　　175

工具二：公司大爱基金　　178

工具三："铁军"士气展示　　180

工具四：团队PK落地　　182

工具五：个人公众承诺书　　186

工具六：集体公众承诺书　　186

工具七：公众承诺榜　　186

工具八：干部早会　　187

工具九：全员早会操作表　　　　　　　　　　　188

工具十：全员夕会操作表　　　　　　　　　　　189

工具十一：月度启动大会操作表　　　　　　　　190

工具十二：招商会流程操作表　　　　　　　　　193

工具十三：企业常见招聘渠道的对比表　　　　　195

工具十四：面试有效问话模式　　　　　　　　　195

工具十五：岗位应聘者评估表　　　　　　　　　199

工具十六：新员工入职"十二个一"工作　　　　200

工具十七：精神激励团队的常用实操方法　　　　200

工具十八：打造学习型组织　　　　　　　　　　201

工具十九：我要做　　　　　　　　　　　　　　202

工具二十：成交心法　　　　　　　　　　　　　202

跋　民企突围，抱团破局　　　　　　　　　　　**203**

模式突围

1

第一章
变现之战
一个企业的尊严从收到现金开始

优秀员工总是离开你，是因为没有高收入；客户总是被别人抢走，是因为你没有钱做宣传；别人不加盟你，是因为没钱可赚；你的产品在市场上没有竞争力，是因为你没有钱做研发；你的企业在全球没有知名度，是因为你的销售额不够高；投资人不投资你，是因为你的企业不值钱；你的战略梦想实现不了，是因为你没钱做。

第一节

"收钱"三步曲：定方向、追过程、等结果

企业的尊严，离不开现金来维持。我们来看一些企业 2022 年的统计数据：华为的研发费用是 1635 亿元；宝洁的广告费用是 776 亿元；腾讯的人均年薪是 102.5 万元；小米的人均年薪是 42.96 万元；人工智能行业文远知行融资 27.47 亿元；医建行业巨子生物融资 73.3 亿元……

为什么你不是这些"大牛"的竞争对手？因为你可投入的钱没有他们多。企业道路千千万，唯有赚钱永不变。企业倒闭的原因只有一个，现金流断裂；老板的任务只有一个，确保业绩持续增长；经营企业的本质只有一个，创造更多的盈利空间。

一个人的尊严从吃饱饭开始，一个企业的尊严从收到现金开始。把做研发放到第一位、把拉人才放到第一位、把做激励放到第一位、把搞关系放到第一位，这样做的都是不理解商业本质的老板。你要深刻认识到：没有钱研发会黄，没有钱机制会塌，没有钱关系会倒，没有钱人才会跑，如图 1-1 所示。

《大学》告诉我们："物有本末，事有终始，知所先后，则近道矣。"天天忙着做研发、拉人才、做激励、谈文化的老板都是跑偏的老板，企业最关键的是先把如何收钱、如何收到大钱搞清楚。只要你企业的现金还在源源不断地到来，只要你企业的业绩还在持续不断地增长，只要你企业的利润还在永不停歇地上升，只要你企业的估值还在一轮一轮地变大，所有的困难都不是问题。因为增长是解决企业问题的最佳出口，发展可以掩盖一切问题。

身为创业者，你可以什么都不抓、什么都不管，但企业如何顺势而行、快速收钱是老板的第一要务。"收钱"三步曲——定方向、追过程、等结果，

图 1-1　全局认知

是一个有效的项目管理方法，旨在确保项目的成功实施并实现预期的成果，如图 1-2 所示。

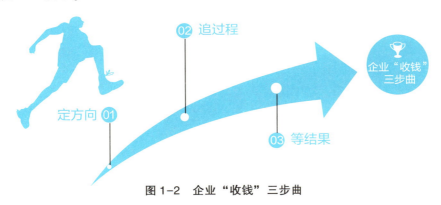

图 1-2　企业"收钱"三步曲

1. 定方向

在起始阶段，首先需要明确项目的目标和方向。这包括与利益相关者沟通，明确项目的范围、期望和约束条件。

2. 追过程

在确定了项目的方向后，需要密切关注项目的执行过程。在追过程阶段，项目经理需要定期与团队成员沟通，确保项目按计划进行，并及时解决过程中出现的问题。此外，项目团队还需要持续收集和分析数据，以便对项目进行持续的优化和调整。

3. 等结果

在项目结束阶段，需要确保项目达到预期的结果。这包括交付符合质量要求的产品或服务，满足利益相关者的期望，并实现项目的商业目标。在拿结果阶段，项目经理需要组织项目验收、总结经验教训，并对项目团队进行奖励和表彰。此外，还需要与利益相关者沟通，了解他们对项目的反馈和意见，以便为未来的项目提供改进和优化的建议。

例如，在进行目标管理时，阿里内部必须做三件事：定目标、追过程、等结果。

第一，定目标。就是明确工作的方向，通过有意义的目标凝聚人心、聚起人气。通过定目标，知道我们要什么，知道自己和团队的目标是什么，每个人都是清楚的，给团队定目标，明确告诉他们，我们希望在结束之后拿到什么结果。

第二，追过程。这是阿里目标执行过程中的关键环节，它不是对下属工作的简单监视与部署，也不是对其行动进行严厉控制的手段，而是协助下属解决在目标执行过程中所遇到的困难，使其一直处于工作的正常轨道上，按时保质地完成目标。

如果中途发生了偏离，还可以通过过程的追踪及时把偏离的方向拉回来。

追踪过程的目的，概括起来主要有三点：

一是发现目标执行过程中的偏差，并适时、及时加以纠正；

二是以考核的方式来激发员工的热情；

三是能够灵动地调整目标，确保执行力。

第三，等结果。基层管理者在每个阶段都要做实事，最终拿到结果，以结果的方式付薪酬，为结果鼓掌。阿里流传的是为结果买单，不养庸、不养老、不养"小白兔"。

总之，企业"收钱"三步曲是一种系统的项目管理方法，通过定方向、追过程、等结果三个阶段，确保项目的成功实施并拿到预期的成果。这种方法有助于提高项目的成功率，降低风险，增强团队的协作和执行力。

第二节

看全局：看完"地图"再收钱

在全局层面上，定方向是项目成功的关键要素之一。

在开始任何项目之前，确保所有团队成员都对项目的目标和愿景有清晰的理解。与项目关系人（如投资者、合作伙伴、内部团队等）进行沟通，确保他们对项目的方向有共识和支持。及时解决利益相关者的疑虑和问题，确保他们的期望与项目方向一致。

攀登一座山有两种方式，一是要成功，头脑简单往前冲，直接在山脚下随意找个地方就开始爬；二是坐着直升飞机到高空中，俯瞰山的全貌，规划出上山最快、最轻松的路径后再开始。

第一种类型的创业者把成功交给上天，是只靠运气吃饭的人；第二种类型的创业者把命运握在自己手中，是技术过硬的手艺人。第一种类型创业者的前途是两眼一抹黑，如无头苍蝇般乱撞；第二种类型创业者是心中有地图，定好目标，未来自然就会在脚下展开。第一种类型的创业者最终会发现人生最悲哀的事情就是在错误的道路上越走越远；第二种类型的创业者最终会领悟到做一个会偷懒的聪明人才是真正的高境界……

1. 最高明的收钱方式——看完"地图"再走路

有了"地图"，你才可以看到别人看不到的财富。

在《天道》中的丁元英看来，这个世界本来就没有神话，所谓神话，不过是普通人难以理解的普通事物。比如当你看《道德经》《易经》感觉好难，就导致了连翻开的勇气都没有，或者就是看看开头。如果换一种方式，先从头快速翻到尾，管他理解不理解，等翻完才发现："哦！原来不过如此。"再从头看需要的内容，反而轻松了。

为什么你感觉企业收钱难？是因为你没有看到全貌，每个老师都在讲自己的武器最厉害（战略、营销、商业模式、定位、抖音、私域……），把学员都整懵了：我到底应该从哪里开始？我究竟应该学些什么？

好的方式是，你不在森林中与他人撕扯，而是飞到上空看到整个森林的全貌，找到最适合自己的领地。让你看到企业收钱的全貌并且找到适合你企业的最优路径，就是这本书要做的事情。

2. 绘制"地图"的过程

这个事情为什么过去没有人做？因为难，做这个要研究市面上所有的营销流派，并且不拘泥于任何一个流派，还要跳出营销看到整个商业世界，知道当下最先进的模型是什么。在这个浮躁的社会中，多数人都只是想赚快钱，能沉淀下来做内容的少之又少。

笔者要做这件事情，是因为笔者面对中小民营企业做了整整 8 年的营销和咨询，在这个过程中发现企业没有一套好的收钱体系，不仅不能发展，就连存活下去都几乎不可能，而市场上真正有效果的收钱体系却是凤毛麟角。所以笔者开始全心全意地寻找、探索、研发能够实实在在帮助中小民营企业的体系。

笔者在 8 年工作经验的基础上，用了 2 年时间研究有关企业收钱变现的各项内容，最终汇总成"赢销地图"，大到现代理论的商战，小到具体的话术怎么整理，全部涵盖其中。

3. 什么是"赢销地图"

十年磨一剑，霜刃未曾试。今日把示君，谁有不平事？

"赢销"不同于营销。"赢"的含义是帮助企业赢得一场又一场的"比试"，"销"的含义是企业收钱的数额暴涨。

说到企业收钱，你最先想到的是什么？业绩提升？利润增加？若仅仅定义为创造更多收入或利润的话，就把"收钱"这两个字理解狭隘了。收钱指的是企业可支配的现金更多，这个现金可以是自己企业的利润，也可以是企业靠平台汇聚的可支配的现金，更可以指企业未来可以调动的现金空间。

笔者定义的收钱公式如下。

$$收钱＝更多利润＋更多现金＋更高估值$$
$$更多利润＝流量×转化率×销售模式$$
$$更多现金＝流量×转化率×盈利模式$$
$$更高估值＝流量×转化率×商业模式$$

4. 如何理解"赢销地图"

创业之所以难，是因为创业对于你而言是问答题，题目的名字是"请实践如何赚钱"，但这个题面太广，涉及的回答方式又纷繁复杂。若是把创业变成填空题呢？是不是有了框架就变得简单一些了？若是把创业进一步变成公式呢？你只需要计算出结果就能得分，岂不是非常简单且轻松？

(1) 日日引流

流量的核心是专家，原则是日日引流，如图 1-3 所示。

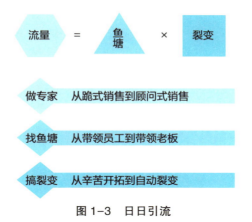

图 1-3　日日引流

(2) 高效成交

转化率的核心是复制，原则是高效成交。

$$转化率＝转化方式×执行力$$

最好的转化方式是一对多批发，最好的执行方式是团队复制。

高效成交：线上批发——从"点对点搏击"到"批量式扫射"（搞定小单）；线下批发——从一对一谈单到批发式成交（搞定大单）；团队复制——从团队"放养"到"铁军"打造。

（3）终身复购

终身复购三大模式，即销售模式、盈利模式、商业模式。

销售模式瞄准的消费市场，卖的是产品。产品卖爆的核心是会员，会员的核心是服务（服务＝准时+惊喜+荣耀）。

盈利模式瞄准的创业市场，卖的是项目，项目的核心是设计（设计＝战略+规模+组合）。

商业模式瞄准的资本市场，卖的是股权，股权的核心是控制（控制＝杠杆+权力+品牌）。

销售模式、盈利模式、商业模式的原则都是终身复购。

终身复购：赚小钱——从卖产品到卖会员；赚大钱——从卖会员到卖项目；赚一辈子花不完的钱——从卖项目到卖股权。

由此推演出了本书的主题——"引爆变现九大升级"，如图 1-4 所示。

日日引流→	高效成交 →	终身复购
做专家	线上批发	卖会员
+	+	+
找鱼塘	线下批发	卖项目
+	+	+
搞裂变	团队复制	卖股权

图 1-4 引爆变现九大升级

第三节

做规划：让竞争对手看着你赚钱

为什么要做规划？

以打篮球为例，很多人认为成功的秘诀就是把球投进篮筐，但实际上真正的秘诀并不在这里，因为把球投进球筐只是一瞬间的事情。最关键的是如何通过团队的策略进行穿插配合以确保最终可以进球。训练、配合、规划，酝酿好了，进球是必然的事情。

　　若想做到未战而先胜，关键就是要做好规划。善守者藏于九地之下，善攻者动于九天之上，真正的成功不是异想天开而是日积月累，真正的布局不是对手林立而是天下无敌。蛮干的时代已经结束，规划者的时代已经到来。

　　只有没有能力的人眼里才有对手，强大的人是没有竞争对手的。笔者就是要帮你通过营销的策划和设计让竞争变得无足轻重，让竞争对手只能看着你赚钱。这需要采取一系列有效的策略和行动。

　　民营企业如何做规划？以下是笔者的一些策略，如图1-5所示。

图1-5　民企如何做规划

　　第一，进行市场调研和分析，深入了解目标市场的特点、消费者需求和行为习惯，以便更好地定位自己的产品或服务，并制定针对性的营销策略。在深入了解市场和消费者需求的基础上，通过品牌定位和差异化策略，创造独特的品牌价值和竞争优势，使消费者更容易记住和选择你的产品或服务。确保产品或服务的质量符合甚至超越消费者的期望，提供卓越的用户体验，以建立消费者的忠诚度和口碑。

　　第二，运用创新的营销策略和渠道，如社交媒体营销、内容营销、口碑营销等，与消费者建立更紧密的联系和互动，提高品牌知名度和美誉度。与其他企业建立互利共赢的合作伙伴关系，扩大自己的业务范围和资源网络，共同开拓市场和分享客户资源。

　　第三，不断关注市场变化和消费者需求的变化，持续优化和创新自己的产品和服务，以及营销策略和渠道，保持领先地位和竞争优势。通过长期的品牌建设和维护，建立强大的品牌形象和品牌声誉，使消费者对你的品牌产生信任和忠诚，从而在竞争中脱颖而出。

　　通过以上策略和行动，你可以在竞争激烈的市场中获得优势地位，让竞争对手难以匹敌。但请注意，这些策略需要时间和持续的努力才能取得成功，因此要有耐心和毅力，不断追求卓越和创新。

第四节
落细节：落地、结果、实效是微观的

我们看两个数据：2023 年阿里总营业收入 8686.85 亿元，华为总营业收入超 7000 亿元，这两家企业属于不同行业，做着不同的事情，但有一个共同点：背后都有一支攻无不克、战无不胜的业务"铁军"队伍。他们对一线销售人员管理和培训的细致程度让人感到残酷：曾经阿里的中供"铁军"每周一 PK，每周淘汰一半人，在阿里"铁军"严苛的训练中走出了滴滴创始人程维、同程网 CEO 吴志祥、美团前任 COO 干嘉伟、去哪儿 COO 张强……

华为在对"铁军"人员的培训中对于怎么在楼下偶遇客户、要给客户送什么礼物、若是送水果应该送什么类型的才好找理由进入客户家中等细节都有涉及。

只看其他企业表面的辉煌没有用，关键是看人家背后是怎么做到的。战略做得再大，落不了地就是忽悠；模式设计得再好，没有结果就是无效；文化编得再牛，没有实效就是诓人。

战略、模式、文化是宏观的，落地、结果、实效是微观的，宏观的讲究大而正确，微观的考量就是细节，如图 1-6 所示。

天天研究大公司模式的人是学歪了的，因为宏观再好，没有微观实现的实力就都是瞎扯。什么是实现的实力？就是心有猛虎、细嗅蔷薇，就是把细节规划到滴水不漏的实力。简单说就是仰望星空固然重要，但只有脚踏实地才能真正带你走向远方。

笔者在本书中会用商业案例详细讲解九大升级中每一个版块如何看全局、做规划、落细节，会带给你足够多的惊喜和震撼。

图1-6 落细节靠微观

在微观层面，落地、结果、实效是三个重要的考量因素，它们对于确保项目的成功实施和达到预期成果具有至关重要的作用。

落地就是将计划或想法转化为实际的行动和执行过程。只有计划或想法得到有效落地执行，才能确保项目的顺利进行和成功实现。为了确保落地，需要制订详细的执行计划，明确每个人的职责和任务，提供必要的培训和支持，并确保资源的充足和有效利用。

结果就是项目实施后所达到的预期或非预期的效果或产出。结果是评估项目成功与否的关键因素，只有达到预期的结果，才能证明项目的价值和意义。在项目开始时，应明确设定项目的目标和预期结果，并在项目执行过程中不断监控和调整，以确保最终能够实现预期结果。

实效就是项目实施的实际效果和效益，即项目是否真正解决了问题、满足了需求、创造了价值。实效是评估项目成功的重要标准，只有实际效果符合或超越了预期，才能认为项目是成功的。对项目的实效进行持续的评估和改进，通过收集和分析数据、客户反馈等方式，可以了解项目的实际效果，并采取必要的措施进行改进和优化。

在微观层面上，落地、结果、实效需要得到具体的关注和实施。通过明确每个因素的实施方法，我们可以确保项目的顺利进行和成功实现，为组织带来实际的效益和价值。

在流量时代，很多企业不知道如何从"流量"这个词开始。随着商家之间的竞争越来越激烈，获取新客户越来越困难，流量成本越来越高，企业不得不寻找新的方式方法。那么，中小企业要想抓住流量红利，从而实现转型，应该怎么做呢？

第一节

流量为王：站在风口上就是踩在巨大流量上

对于中小民营企业而言，抓住时代流量红利，是快速崛起的关键。无论你卖产品、做加盟还是拉投资，引流量这件事情的重要性根本就不用强调，流量需要年年引、月月引、日日引，时时刻刻都要引。组团队、混圈子、参展会、打广告、拉转介、做活动、搞事件、进直播等都是为了搞流量。目光在哪里汇聚，财富就在哪里暴发，时代的红利就是流量的红利，站在风口上就是踩在巨大流量上。

1. 时代的红利就是流量的红利

流量在央视广告时，孔府家酒在央视播放广告后，年销量就从几千万元冲到了 8 亿元；流量在淘宝电商时，纯线上品牌的韩都衣舍就可以在女装领域做到单日销售额 2.97 亿元；流量在微信平台时，就撑起了从业人数高达 1007 万、市场规模达 960 亿元的分销市场；流量在抖音平台时，造就了单月销量高达数亿元的带货网红。

当下抖音可谓"流量一哥"。它是一款可以拍短视频的音乐创意短视频社交软件。用户可以通过这款软件选择歌曲，拍摄音乐短视频，形成自己的作品。简单地讲，抖音就是每个人拍摄、发布视频的工具；同时，抖音也是每个人观赏别人世界的视频应用。

每个人自主拍摄的控制欲和了解别人世界的好奇心，在抖音这类产品中，得到了最好的释放。这就是抖音火爆的根本原因。相比文字的表现力和感染力，视频可以说更胜一筹，视频主导传播并成为媒介主流的时代已经到来。

一条抖音短视频，可以让落魄歌手一夜之间受万人追捧，可以让一杯原本毫无知名度的奶茶瞬间人气暴增，可以让一些冷门的地方瞬间变成热门旅游景点，可以让常见的小猪佩奇手表卖断货……

这就是抖音创造的巨大红利和营销价值。它让许多默默无闻的普通人变成达人，让许多行业借助这个平台玩起了跨界，让许多不知名的产品摇身一变成了万人追捧的爆品。因此，越来越多的企业选择入驻抖音，其中不乏知名度很高的大品牌。例如，奥迪、宝马、唯品会和支付宝，就连"高冷"的香奈儿也在抖音上线 12 支竖屏腕表短视频广告……

作为一个新近崛起的超级流量池，抖音成了众多品牌和产品的必争之地。不过，作为一种新的营销模式，短视频营销的不可控性也非常明显，如果还按照传统微信、微博营销等老一套的模式来做抖音营销，效果未必好，也难以持续。

2. 流量思维就是传媒思维

传媒就是传播的媒介，比如报纸、电梯广告、电视台、门户网站、微信、抖音、快手等。当下最赚钱的是注意力经济，也叫眼球经济，人们的注意力在哪里，财富就在哪里产生。当全民开始玩短视频，花在抖音、快手的时间远超过微信时，就有了流量，网红通过抖音、快手直播带货赚得盆满钵满。

不管你是做服装的、做鞋子的、做化妆品的，还是做教育培训的，首先要让别人迅速看到你、记住你，不管是通过哪个传媒平台，不管是传统的报纸、广告，还是当下的抖音、快手、微信、微博等，能抓住别人的眼球，就能产生注意力经济。这种流量思维，就是传媒思维。

一个深居小巷的店，被几个大网红走访一下，这个店就火了。因为有真人亲自去体验，还加一些剧情，正好满足人们的猎奇心理。很多人有选择困难症，难以决定去什么地方吃饭，正好看看视频，获得建议。而迎合观众需求，解决观众问题，做了探店的内容，分享真实体验，还有独特解读的人，就能拿到流量。

通过探店拿到流量，也帮助用户解决了问题，你是作出贡献的。只要守住底线，不要把黑的说成白的，粉丝就会买账。需要注意的是，吃播的流量大门缓缓关闭，深度解读类视频的大门正在缓缓打开。

所有的企业都要绞尽脑汁去思考如何抓住眼球，如何借助各种媒介进行有效传播。当下，国内抖音、微信的成功其实也都是抓住了用户的眼球，因为当人们的目光聚集在抖音、微信上时，商家就可以借助微信、抖音这些媒体，不断地传播自己的产品实现变现。

3. 建立引流模式，打造立体销售场景

当下，实体店受互联网冲击很大，每天客流量很少，这是普遍遇到的问题。每一个实体店主都知道，虽说投资把店开起来了，客流量却寥寥无几。

以前的生意很好做，不用想方设法引流，就可以生意兴隆。比如，老王开了一家服装店，店面租好，装修好，员工找好，老王就"稳坐钓鱼台"，坐等顾客上门了。早上开门等中饭，吃完中饭等晚饭，吃过晚饭等打烊，顾客自然而然地会上门。

但如今，顾客已被分流了。那么流失的顾客都去哪里了？基本上被四个新的商业形态抢走了——电商、直播带货、社区团购、本地服务。其中电商对实体的冲击已经有十几年的时间了，价格优势一直是电商的撒手锏。直播带货作为近两年火爆的带货形式，可以通过个人 IP 和超高的性价比，抢占市场客户资源，这也是传统实体店陷入困境的原因。社区团购是一种新的连锁零售模式，是以社区为中介，依托分享经济，各社区的团长作为虚拟店主，通过社群这个销售场景，抢占生鲜果蔬的高频消费市场。

实体店获客的局限性是未来发展中致命的问题。面对新的竞争局面，不要立马就想着卖货赚钱，而是要想如何与人发生关联。以前把店开在好位置，靠店面好、装修好、打广告、做促销，就能把顾客吸引进来，这就是典型的营销思维。

今天要从这种营销思维转向引流模式。山不过来，我过去；人不过来，我过去。所以你就得问自己一个问题："我想要的人在哪里？"他不过来，我过去。现在很多的流量都在短视频平台上、在抖音里、在头条里，如何把他们导入你的实体店里，是你应该思考的重点。

　　客户为什么都不去实体店消费了？这跟目前人们的生活习惯有很大关系，因为在互联网下半场，手机成为人们的"外挂器官"，通过手机社交场景购物，通过线上平台消费，在网上购买商品，已经成为新的消费方式。

　　在这样的情况下，实体店想要发展，必须根据客户的生活习惯和消费习惯，为消费者打造立体的消费场景，实时与消费者连接，打造一个不打烊的购物场景。那么实体店的立体销售场景该怎么布局呢？可以借鉴以下方法。

　　在此之前，我们要了解什么是立体销售场景。所谓立体销售场景就是将线下实体店、线上小程序及 App、社群、个人号、直播场景、内容信息流场景、社交场景融合在一起的销售场景，如图 2-1 所示。

图 2-1　立体销售场景

　　想要实现这个目标，关键是第一步，即搭建小程序。一般可以选择模板类小程序，先把线上与线下打通，可以把线下的客户导入线上店实时连接。

　　想要增加客流量，除线下获取新客户以外，也可以入驻同城电商、团购平台，获取新客户资源。获取新客户的目的，就是把经营货变成经营人。不论线上平台的客户还是线下实体店的客户，都要导入社群、个人号，打造同城客户圈子，去做人的经营，提升复购率。

　　有了个人号、社群等私域流量以后，就可以通过社交场景（圈子）发布新品营销活动，在社群做营销互动，通过直播场景实时互动"种草"。

当我们通过不同的场景获取用户的数据，并建立关系以后，可以通过个人号、直播场景、社群场景，作为流量池和销售场景，消费者下单可以直接在线上小程序完成。这种引流模式，就是立体销售场景的布局思路和方法。

第二节
知己知彼：大企业的经营逻辑并不一定适合你

中小民营企业指的是产值规模在 10 亿元以下的企业，其优势在于船小好调头，反应可以足够灵活；劣势在于要在几百亿元、几千亿元销量的巨头公司间"虎口夺食"。

欧莱雅年度广告支出是 681 亿元；伊利集团一年的广告支出达 109 亿元。中小民营企业显然不可能像这些集团公司一样去铺天盖地打广告。品牌世界里有一个非常出名的"三度"理论——知名度、美誉度、忠诚度，如图 2-2 所示。

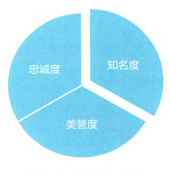

图 2-2 "三度"理论

知名度、美誉度和忠诚度是好生意的三个要素，它们共同构成了企业的品牌资产和市场竞争力。

1. 知名度

知名度是指消费者对于企业品牌或产品的认知程度和广度。在竞争激烈的市场环境中，企业需要通过主动的市场推广和宣传活动来提升自身的知名度。知名度的提高使消费者更容易辨识和记忆品牌，增加了企业在购买决策中的竞争优势。

2. 美誉度

美誉度是指企业在消费者心目中的声誉和信誉。美誉度代表了企业的可靠性、质量和服务水平。消费者通常会更倾向于选择那些有良好美誉度的企业和产品，因为他们相信这些企业能够提供高品质的产品和服务。美誉度的建立需要企业保持一致的品质和表现，同时主动回应客户反馈和及时解决问题，以增强消费者的信任和忠诚度。

3. 忠诚度

忠诚度是指消费者对于品牌或企业的忠诚程度和长期购买意愿。忠诚的消费者对于企业来说具有重要价值，他们会持续购买企业的产品或服务，并愿意推荐给其他人。忠诚度可以通过建立主动的消费者体验、提供个性化的服务和建立情感连接来培养。忠诚的消费者不仅为企业带来稳定的收入，还可以成为品牌的忠实倡导者和口碑传播者。

这三个要素相互关联、相互帮助。知名度为企业吸引更多潜在客户提供了机会，美誉度则确保企业在市场中建立起良好的声誉和信誉，而忠诚度则将客户转化为长期的忠实消费者，为企业提供持续的业务增长。

我们知道，大企业的玩法就是花大钱做广告烧出知名度，再花钱提升产品质量做美誉度，最后才形成客户忠诚度。可到中小民营企业这里，第一步就走不通了，若是让中小民营企业拿出十几亿元资金打半年广告不盈利，那就是自掘坟墓了。

要清晰地意识到，适用于成功大企业的经营逻辑并不一定适合中小民营企业。对于大企业而言，长远的发展大过眼前的收益。但对于小企业而言，没有眼前的收益就根本不可能有实力支撑长远的发展。

所以中小民营企业对"三度"理论的应用应该完全是和大企业反着来，即"倒三度"理论，小范围内先把客户的忠诚度做起来，然后通过对客户的服务做好美誉度，最后才是通过客户的好口碑传播形成知名度，如图 2-3 所示。

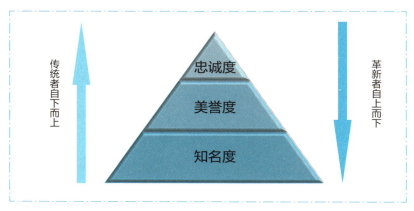

图 2-3 "倒三度"理论

第三节

以不变应万变：关注"不变的"比"变化的"更重要

亚马逊创始人贝索斯说："常听人们问我，十年之后有什么是会变的？但是，很少有人问我，十年之后有什么是不变的？"

关注"不变的"比"变化的"更重要。什么是变化的？央视广告、百度推广、淘宝电商、"两微一抖"和小红书，线上渠道、线下渠道……什么是不变的？你的企业与上面这些媒介发生关系的独属于你的"功夫"。这个"功夫"可以是有形的产品、无形的服务、品牌的打造……

在引流方面，什么是不变的？

不变的是底层逻辑。成交的本质一是信任，二是流量。信任的背后是你能帮助客户解决问题的专家形象。流量分为内部流量和外部流量，外部流量通过找"鱼塘"获得，内部流量通过客户裂变获得。

1. 流量池思维："建塘养鱼"实现流量裂变

要想把生意做好，离不开客户流量。

最近几年，一些民营企业在管理上出现了很多问题，比如人才流失、经销商流失、财务资源流失、情感流失、文化流失等。这里所谓的情感流失，是指人与人之间的关系越来越不讲情感，只剩下赤裸裸的钱；而文化流失是指文化对企业发展越来越不起作用了。

文化本来就是企业最大的无形资产，如果文化变得弱势，就说明企业的无形资产在流失。企业文化不强，任何人在公司都不会待得太久；人们眼里只认钱，而只认钱的公司，犹如水中浮萍一样没有根，风吹过来就全部散了。文化是企业发展的基础，流量就是企业发展的使命，文化保证企业做久，流量保证企业做大。

所有企业资源流失的问题，都是流量的问题。没有流量，一切都会流失；没有流量，规模不会增长，盈利不会增长，利润不会增长，各种问题会接踵而至。就像蓄水池一样，如果没有新的水源流入，它就会干涸。

俗话说："穷人站在十字街头，耍十把钢钩，钩不着亲人骨肉；富人在深山老林，耍刀枪棍棒，打不散无义宾朋。"家庭也好，企业也罢，核心都是流量增长，增长才有希望。很多问题的出现就是因为没有流量，有流量就有机会持续增长，有流量很多问题根本不是问题，有流量人们就不会计较太多，但是没有流量，大家都没有钱赚，就会互相找碴儿。

这个思路没毛病，但真正的客户在哪里呢？在自己和竞争对手的手上。除了你自己的固定客户，还有一些潜在客户正在左右摇摆，不知道该选择哪家合作，或者暂时没有需求、没有支付能力等，还有些甚至正在与你的竞争对手合作。但是，这并不表示这部分客户没有价值，要放弃这部分客户。相反，你完全可以建一个"鱼塘"，把这些潜在客户慢慢"养"起来，并且不断去培养、不断向他们发送信号，传递你的产品或服务的价值。

所谓"功夫不负有心人"，你通过多次与这些潜在客户进行交流互动，逐渐将自己的产品或服务的价值渗透到对方心里，慢慢培养他们对你的产品或服务的印象和情感，最终会发现，这部分"鱼"以及他们"繁衍"后为你创造的价值要远比那些一次性客户为你带来的价值多。

这就是一种流量池思维。其核心是把流量增长当成一个体系去维护，不仅是为了获取流量，或者说拉来流量进行单次交易就结束，而且要追求后续进一步的流量运营，挖掘客户的终身价值，让客户不断在你这里消费，成为你的"忠实粉丝"，同时为你带来更多的客户。

流量池思维与流量思维最大的不同之处在于，流量池思维更关注长期客户关系的培养与流量的循环转化，而不是只与客户简单地进行一次性交易。

用流量池思维来运营"鱼塘"，你的流量变现模式就不局限于某条"鱼"，这样的变现能力是很弱的，而是要以这条"鱼"为依托，将更多的"鱼"吸引到自己的"鱼塘"中，成为自己取之不尽、用之不竭的资源。简单来说，就是要拉来流量、沉淀流量、裂变流量，如图2-4所示。

图2-4　流量池思维

抖音刚上线时，专门开辟了一个导流页面，可以直接从QQ、微信上添加好友，这就相当于从腾讯的"鱼塘"里面"捕鱼"。拼多多的导流入口更加简单粗暴，不通知用户，从腾讯直接拉取。

这就是先拉来流量，我们在寻找客户时，也会四处发传单，甚至直接发到竞争对手的门口，试图从竞争对手那里把客户挖过来。抖音最初的"捕鱼"方式就是这样的，通过分享链接来抢夺腾讯用户在微信应用上的使用时间。眼见自己的"鱼"要被别人捕走了，腾讯只好关闭抖音分享功能，还重新推出微视与抖音对抗，捍卫自己的"鱼塘"。

反观拼多多，同样在腾讯的"鱼塘"里活动，但由于两者不存在竞争关系，腾讯做社交，拼多多做电商，两者经营目标不冲突。即使拼多多在腾讯的"鱼塘"捕鱼，腾讯的用户也不会减少，而拼多多上的"拼团"活动还能在微信好友、微信群和朋友圈里实现交互，促进了客户在微信上的使用，腾讯简直求之不得！于是，拼多多便利用这一优势不断为自己引流，同时利用自己的经营方式慢慢"养鱼"，沉淀流量，最终实现流量裂变。

所以，想拥有更多的"鱼"，直接去人家"鱼塘"里捕是不行的，你要有自己的"鱼塘"才行，并且还要避开与别人的直接竞争关系。如果实在避不开，就从竞争转向合作，实现流量共享，一起建一个更大的"鱼塘"，吸引更多的"鱼"前来，最终形成一个流量生态圈，实现更多的流量裂变与转化。

当然，在此过程中，企业也要不断打造自身品牌，提升自身实力，销售人员则要及时将企业的产品和服务的价值传递给客户，让客户看到你的产品和服务在不断为自己创造价值，继而提高客户复购率，并利用存量客户发展出更多新的增量客户。这样，企业才能实现持续增长。

2. 裂变客户：内部流量通过客户裂变获得

裂变客户是指通过内部流量，即现有的客户基础，来实现客户的快速增长。裂变客户是一种有效的营销策略，可以通过多种方式实现，如口碑传播、推荐计划、社区建设等。它是企业获得内部流量的重要渠道，如图 2-5 所示。

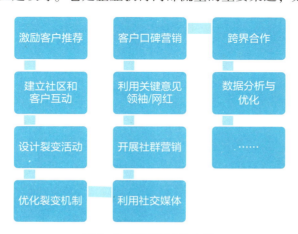

图 2-5　裂变客户的方法

第一，激励客户推荐。实施推荐计划，给予推荐者一定的奖励或优惠，如折扣、积分或礼品。创建一个简单的推荐流程，让客户能够轻松地将你的产品或服务推荐给他们的朋友和家人。

第二，建立社区和客户互动。创建一个在线社区，让客户能够分享经验、提问和互动。鼓励客户在社交媒体上分享他们对你的产品或服务的看法和体验。

第三，设计裂变活动。通过设计有趣、有吸引力的裂变活动，如拼团、砍价、分享抽奖等，吸引用户参与并分享到自己的社交网络。这样可以利用用户间的互动和信任关系，快速扩大客户群体。

第四，优化裂变机制。裂变机制的设计是裂变营销的关键。企业需要深入了解用户需求，制定合理的裂变机制，以确保用户积极参与并分享给更多人。同时，要考虑到机制的公平性和透明度，以增强用户的信任。

日常生活中，会员并不少见。随便去一家理发店、美容店、健身房，店员都会喋喋不休地让人办卡。

会员有两种形式。

第一种是消费型会员，交钱成为会员。交多少钱享受一年服务，累计多少钱成为会员，或是累计多少钱自动升级为会员，这都是消费型会员。

第二种是服务型会员，先成为会员，才有资格享受服务。比如深圳观澜湖高尔夫球会，先交100多万元入会，才可以享受全套高尔夫服务，包括球童的服务。如果不入会，就只能在体验区随便玩一下。

为了创造流量，采取哪种会员方式更好呢？没有好坏，只有是否适合。根据你的产品定制你的会员体系。低端高频的服务可以做成消费型会员，高端低频的可以做成服务型会员。

第五，利用社交媒体。社交媒体是裂变营销的重要渠道之一。企业可以利用微信、微博、抖音等社交媒体平台，宣传裂变活动并吸引更多用户参与。

第六，开展社群营销。通过建立品牌社群，将品牌粉丝聚集在一起，开展裂变营销活动。社群内的用户可以互相交流、分享经验，同时更容易接受品牌推荐和分享裂变活动。

粉丝分两种：一种是"泛粉"，另一种是"铁粉"。

我们中小企业的客户也是这样，一类是普通客户，另一类是 VIP 客户。不管是线上还是线下，普通还是 VIP，统称为粉丝流量。都说粉丝流量非常有价值，你知道这个价值在哪里吗？一个粉丝后面必然有 3 个消费力一样的粉丝，一个粉丝能影响 7 个同类的粉丝，这样就能传播到 21 个人，这是科学数据。

第七，利用关键意见领袖/网红。与具有影响力的关键意见领袖或网红合作，让他们在自己的社交网络上宣传裂变活动，以扩大品牌曝光度和影响力。

网红流量变现，就是找到成熟网红，和他绑定合作。

网红李子柒，她先是一个人拍摄、一个人剪辑。一部手机一天拍 16 个小时，不断尝试，不断选镜头。她做任何一条视频，都至少花费一个星期。她有一个自己酿酱油的视频，做了三个月，记录了整个酿制的过程；还有一个做蚕丝被的视频，从养蚕开始花了一年时间。付出了时间，也有丰富的回报，她的视频享誉中外。"老外"更欣赏她的动手能力，并且把这个能力归结于中国文化。

李子柒成名以后，有公司专门找上她，和她成立了公司共同运作，开发衍生产品，比如螺蛳粉。由于产品卖得太好，她干脆建工厂自己生产，把整个产业链拿下，这样利润更高了。

第八，客户口碑营销。通过鼓励满意的客户分享自己的购买体验和好评，形成口碑传播。这不仅可以提高品牌形象，还可以吸引更多潜在客户。

流量的价值在于熟人之间的分享和转发。这些转发都是真人分享，把自己使用产品、体验服务的感受分享出去。现在人们不喜欢看广告，而是喜欢听别人分享。不管是吃的、喝的、玩的、用的，都想听一听别人实际的评价。

新手机上市到底好不好用、值不值得入手，很多人都是先看别人的测评，再决定要不要买这部手机。吃的也一样。有一位吃货朋友，晚上在朋友圈发了一句话，配了九张图，说："东环路上有一家烧烤店，味道简直好得不要不要的，点菜时一定要少点，店家给的分量很足。"你看到以后，点了个赞，记下了这个店。

过了一小时，你看到朋友圈里有一个数字。你点赞了，别人也点赞了，微信会提醒你点赞的数量，但凡是你们共同的好友，都能看到这些点赞的信息。点赞越多，这个分享的力量就越大。你想想这一条朋友圈，会为这家烧烤店带来多少流量？至少2000元的营业额。因为喜欢吃的朋友、点赞的人都可能过去吃一下。

人的流量除了会受朋友影响，还会受陌生人影响。

你想吃正宗的湖南菜，想挑战一下那种"辣得冒烟"的饭，但是并没有朋友推荐，怎么办？只能看陌生人的评论了。于是你打开了大众点评，搜索湘菜，看人们的评论，然后选定一家口碑很好、价格公道的店面。这就是优质流量，源于人们的评论。

抖音里也有视频探店，会把在店里消费的场景拍下来，这样效果就更好了。很多店长也在视频中露脸，只要这条视频在网上曝光，店长就基本不会坑人，人们也会放心地过去消费了。

第九，跨界合作。与其他行业或品牌进行合作，共同开展裂变营销活动。这样可以扩大品牌合作范围，吸引更多潜在客户，同时增强品牌影响力。

一个汽车主播和一个美食主播联合录制视频，可以获得对方领域的流量。也可以用大号带小号，让小号来引流。也就是说，抖音创作者经常挖空心思吸引流量，其实抖音平台也在挖空心思为主播创作流量的入口。当抖音提醒你升级，你就升级，每一个版本的升级，都伴随着流量的变化，要跟上发展。

第十，数据分析与优化。通过收集和分析用户数据，了解用户的兴趣、需求和行为特点，从而优化裂变营销策略。例如，分析用户参与度和转化率，根据数据进行优化以提高营销效果。

通过实施以上策略，你可以利用内部流量实现客户的裂变增长。不断优化和改进你的产品和服务，与客户建立良好的关系，将有助于吸引更多的新客户，并通过口碑传播和客户推荐进一步扩展你的客户基础。

第三章
资本之战
股权的估值拉升，帮助企业做增长

卖股权被视为一种重要的营销策略，而股权的估值拉升是民营企业增长的重要手段之一。通过提高股权估值，企业可以获得更多的资金支持，进而实现规模扩张、技术创新和市场拓展，推动企业实现快速增长。企业应注重提高盈利能力、优化资本结构、利用资本市场融资以及进行并购重组等，以推动股权价值的不断增长，进而实现企业的快速增长。

第一节
股权融资：早期项目如何正确估值

从创业来说，创业期开支很大，少则 3 万元，多则 3000 万元。对于初创企业，别说是用股权来融资，哪怕是向银行借款，都比较困难。因为与同行相比，他们本就不具备竞争力。

借钱看个人，融资看股份。初始创业，你找家人、老乡、同学，会借到一些钱，他们是相信你本人，而不是相信你的创业项目。手头宽裕，多借给你一些。手头紧，少借给你一些。如果借的钱一年没还，你的公司关门了，他们也不会怪罪你，但下次可能就不会再借钱给你。所以这个阶段，我们称之为"借钱式融资"，跟股权无关。

如果他们看好你的业务，你也会用实践证明给他们看，展示你企业的情况。如果他们想和你一起发展，想占有一些股份，这时就是股权融资了，但这个融资和"天使融资"有微小差别。

借钱式融资，是找熟人；天使融资，是找陌生人。借钱式融资，是评估人品，用感觉估值；天使融资是专业手段，科学估值。借钱式投资，是用你的口才和语言来展示项目；天使融资，是通过《商业计划书》把亮点写好，并且写好产品的价值、行业的趋势、人们的需求、如何进入、如何退出、占多少股、什么时候可以退出变现等。

假如你的表姐很有钱，你在创业时向她借了 20 万元。有一天她到了你的公司，看到一片欣欣向荣的景象，体验了你们的服务，感受到了你的专业。她会和你商议，是否可以入股。这时，你拿公司的股份就可以换到一笔融资。

而你有了融资，业务就更加稳健。之后你表姐还出力，带她的朋友过来消费，也会动用她的资源，提高公司收益，这就是一举两得的事。

这样的股权操作，有以下三个步骤，如图 3-1 所示。

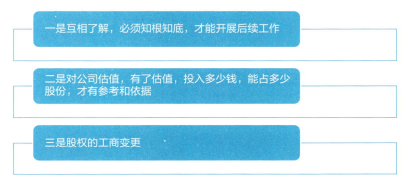

一是互相了解，必须知根知底，才能开展后续工作

二是对公司估值，有了估值，投入多少钱，能占多少股份，才有参考和依据

三是股权的工商变更

图 3-1　股权融资的步骤

1. 互相了解

双方必须知根知底，才能开展后续工作。

2. 对公司估值

有了估值，投入多少钱，能占多少股份，才有参考和依据。估值的作用在于确定股权融资的价格，也就是投多少钱，占多少股，投资人的投资可换得对应的比例。比如，A 公司被估值 3000 万元，那么 A 公司 10% 的股权就值 300 万元。

以下是一些常见的公司估值方法，如图 3-2 所示。

（1）直接比较法

根据类似企业的市场估值情况，通过对同行业的公司进行对比来确定公司估值。这种方法易于理解和计算，但要求对同行业公司的估值有充分的了解。

（2）收益法

收益法是一种较为成熟的估值方法，通过预测公司未来自由现金流、资本成本，对公司未来自由现金流进行贴现，公司价值即未来现金流的现值。

图 3-2　公司估值的方法

这种方法适用于较为成熟、偏后期的公司。

（3）市场多重法

通过对同行业的上市公司或收购案例进行比较，利用它们的市盈率、市净率、市销率等指标来估算公司的价值。这种方法需要对市场上的数据和情况有深入了解。

投资人之所以投资，是看中这家公司未来的盈利能力。

用 P/E 法估值：公司价值＝预测市盈率×公司未来 12 个月利润。

预测公司未来 12 个月的利润，可以通过这家公司的财务进行估算，那么估值的最大问题就在于如何确定预测市盈率。一般说来，预测市盈率是历史市盈率打个折扣。比如，某上市公司平均历史市盈率是 40%，那么预测市盈率大概是 30%，对于同行业、同等规模的非上市公司，参考的预测市盈率需要再打个折扣，为 15%～20%。对于同行业且规模较小的初创企业，参考的预测市盈率需要再打个折扣，就成了 7%～10% 了。这就是目前国内主流的外资 VC 投资对企业估值的大致 P/E 倍数。

某公司预测中小企业融资后下一年度的利润是 100 万美元，公司的估值就是 700 万～1000 万美元，如果投资人投资 200 万美元，公司出让的股份就是 20%～35%。

（4）成本法

根据公司的资产和负债情况计算出公司的净资产价值，然后加上未来可能的盈利预期得出公司的估值。这种方法相对来说比较简单，但是对于科技型公司来说可能不适用。

在对创业公司估值时，最好是三方，即创业者、投资者、专业人员，共同讨论，把股权估值的公式做好。

公司估值的计算需要根据具体情况采用不同的方法，对公司财务数据和市场情况有深入了解是至关重要的。同时，估值结果也会受到多种因素的影响，如市场情况、行业前景、企业规模等。投资方投了 20 万元，可以置换多少股份？又追加了 30 万元，可以置换多少股份？全部算清楚。根据注资时间的不同，以及门店发展的不同阶段，估值都是在变化的。

一般来说，投资机构对早期科技公司进行估值是存在很大风险的。真实的估值过程大部分是这样的：首先，创业者让投资人相信，双方已经准备好进行融资。其次，创业者说服投资人投资 X 万元（在第一轮定价中，X 通常为 50 万~200 万元）。再次，投资人在投资后要求获得 15%~25% 的公司股权（或者更多，这取决于投资人的谈判能力）。最后，估值最终按比例计算得到（例如：150 万元的风投金额/20% 的公司股权=750 万元的投后估值）。

对于一个创业公司的估值而言，主要考虑风险和回报两个因素。企业价值和风险成反比。也就是说，你的公司风险层级越高，估值就越低。

3. 股权的工商变更

初创期释放多少股权比较合适呢？通常情况下，分出的股份尽量低于 33%，尽量高于 5%。不高于 33%，保住一票否决权，这样有利于企业后续的融资。高于 5% 融资，是显示诚意。如果初创期拿出 1% 来融资，投资人会有一种被侮辱的感觉，根本不会听你后续的项目。

阿里初创阶段，接受孙正义的 2000 万美元投资，给 30% 的股份。有了这笔融资，阿里在后续的发展中既保障了运营资金的充裕，又不至于权力分散。分出 30% 的股份，不至于受制于人。如果是门店创业，融资和科技公司还有所不同。门店的创业，要更加保守一些。

初创期过后是发展期。在这个阶段，你们的服务已经成熟，你们的产品已经得到客户初步认可。这个阶段的融资成功，不是靠口才，而是靠数据。

把你的市场占有率写清楚，把行业数据写清楚。你要替投资人算一笔账，投资多少钱，未来一年可以获利多少，未来三年可以获利多少，并且把进入和退出的股份都写清楚。计算这些数据，都有科学公式。

再把融到的这笔资金去向写清楚，这笔钱是用来干什么的？是做市场升级，还是培育市场？是做会员系统，还是定制？投资人会根据资金去向来判断你的模式是否值得投资。如果你要融200万元，做一款App，投资人基本上不会听你把话讲完。不管你给这个App加载什么功能和内容，他们比你更清楚风险。你有你的市场数据，他们有下载量和打开率的数据。

企业发展期释放多少股权比较合适？

具体问题具体分析，发展期融资可以分两种情况。一种情况是，初创期已经做过一次融资，已经有一个投资的股东。另一种情况是，你们从没有做过融资，是凭借你们的耐力和本领，进入发展期。

第一种情况，一般会发生在互联网和科技类企业，这样的公司，从创业之时就有机会融到钱。门店类初创期一般融不到钱，进入发展期，有了规模和一定量的市场占有率，才能融到钱。但现在的市场环境，哪怕是中大型门店，发展也不容乐观，融资难以维持。

第二节

股权价值：企业估值高速增长的要素

所有企业都应该有两个团队，一个叫做员工团队，另一个叫做股东团队；所有企业都要有两个角色，一个角色叫总经理，另一个角色叫董事长。大多数创业者自己去做总经理，总是以为行业不行、产品不行、管理不行，通通都不行，而核心问题是董事会不行、资源不行。

跟员工发生关联的叫工资，在资源层面与别人发生关联的叫股份，这就是最大的区别。你要招工，就要谈工资、提成奖，但是你要与别人合作，就得谈股份。

比如，你经营一家企业，上游有工厂给你供货，下游有代理商帮你分销。以前很简单，工厂把货给你，你把钱给工厂就结束了。假如你到上游进 200 万元的货，就要把钱打过去。货到之前，忙着租仓库，货来了之后要验货，质量不好还要退货，下游有人要下单，你还得发货，卖完以后又得补货，如果这个产品不好卖，你还得去寻找新的货，所以你的时间精力全消耗到这些地方了，好像是挺忙的，价值挺大的。

有没有一种可能，钱和时间不应该花在客户和渠道上？

假如你今年预计卖 100 万套产品，每套赚 30 元钱，预计一年盈利 3000 万元。你可以拿 1000 万元出来，专门成立一家发货公司，找一个人来合作，让他投 200 万元，给他 40% 的股份。你要的不是他的 200 万元，而是他能够帮你把仓库管理好，帮你把跟厂家打交道的事情接过去。你做发货公司的董事长，让他做 CEO。

所以懂得股份制，世上无难事。

企业股权价值持续增长涉及的因素很多，有些因素属于内在的，有些是外在的。企业完全依靠内生力量滚动发展并非不能成功，只是发展的速度会比较慢。若想扩张，只能靠每年未分配的净利润滚动投入，除非能够像一些科技巨头，如微软、苹果公司一样获得巨大成功，保持充裕的现金流，否则不可避免地会捉襟见肘。

企业高速增长的秘诀就在于借助外部的杠杆力量：举债可以增加财务杠杆，股权融资可以增加资本杠杆。有了杠杆资金的加持，相关战略可以更快地实施，从而推动公司更快地发展。

股权价值高速增长的要素主要包括以下几个方面。

1. 财务杠杆

企业增加债务后，只要投入再生产后的收益率高于债务利率，就可以有收益，从而增加企业利润和股东权益。然而，财务杠杆也是一把双刃剑，银根紧缩、行业遭遇发展困境时可能引发企业甩卖资产还债、收益难抵债务成本等问题，导致资产减值损失。

利用负债融资，虽然可以降低中小企业资金成本，但是也增加了中小企业财务负担。所以企业必须权衡财务风险与资金成本的关系，确定最佳资本结构。也就是控制资产和负债的比例，如果融资过量，负债过多，就会增加企业的财务负担。

中小企业可以选择发行股票和债券，来减少财务负担，同时，可以通过负债融资，优化企业资金结构。

2. 盈利能力

企业的盈利能力是影响股票价格的重要因素，企业的每股净利润越高，股票价格也越高。因此，企业需要通过提高盈利能力来推动股权价值的高速增长。

盈利能力对股权价值的影响，如图 3-3 所示。

图 3-3　盈利能力的价值

第一，股东回报。盈利能力强的企业能够为股东提供更高的股息收入和资本增值机会，进而提高股东的回报率。股东回报率的提高会吸引更多的投资者，从而推动股票价格上涨，增加股权价值。

第二，市场认可度。盈利能力强的企业通常更容易获得市场的认可和信任。投资者更倾向于购买那些能够持续盈利且增长前景良好的企业的股票，因为这些企业的股票被认为具有较低的风险和较高的投资价值。这种市场认可度会推动股票价格上涨，进而提升股权价值。

第三，企业成长性。盈利能力强的企业通常具有更好的成长性和扩张潜力。这些企业可以利用盈利进行再投资，扩大生产规模，提高市场占有率，从而进一步增强盈利能力。这种良性循环有助于企业实现持续增长，进而提升股权价值。

第四，风险防范。盈利能力强的企业在面对经济波动和市场风险时通常具有更强的抵御能力。这些企业可以通过调整经营策略、优化成本控制等方式来应对不利因素，保持稳定的盈利水平。这种风险防范能力有助于降低企业的经营风险，从而保护股东的利益和股权价值。

3. 市场前景

企业的发展前景和市场预期对股权价值也有重要影响。如果市场预期、企业未来的发展前景良好，那么投资者就会愿意支付更高的价格购买该企业的股票，从而推动股权价值的高速增长。

4. 并购重组

企业可以通过并购重组来扩大规模、优化资源配置、提高竞争力，从而推动股权价值的高速增长。并购重组可以带来新的资产、技术和市场，提高企业的盈利能力和市场占有率。

对于被并购重组方来说，当下，资本市场并非"华山一条路"。被上市公司并购重组，就是一条实现资产证券化、抢滩登陆资本市场的捷径。比如，部分 IPO 排队企业面临不再满足 IPO 标准的可能，或不愿继续排队，而选择被并购的方式实现资产证券化。这种新的做法，对于计划上市的企业来说，的确是一个启发性的思路，对于二级市场的投资者来说，也提供了看待并购重组和投资机遇的新视角。

5. 资本运作

通过资本运作，可以有效解决企业成长阶段不同的融资需求。

起步期企业规模小、风险大，但拥有核心技术或优秀商业模式的企业存在很大发展潜力，以天使投资、VC 等股权融资方式为主。债权融资能力较弱的企业，新三板挂牌上市是较好的选择。

成长期企业的技术趋于稳定，客户稳步增加，经营风险不断下降，盈利水平增长较快，股权融资以 VC、PE 为主，债权融资能力逐渐增强可以选择在创业板、新三板上市。

成熟期企业的技术趋于成熟，市场份额比较稳定，盈利水平比较平稳，以银行贷款、公司债等债权融资为主，股权融资能力较强，可以选择主板、中小板、创业板等发行上市。

资本市场是为企业融资而建立的，任何一家企业都有权力去资本市场融资。企业发展壮大的过程，也就是融资的过程。资本市场在企业发展过程中起到的核心作用，就是帮助企业解决发展所需要的资金问题。

资本运作的根本目的，就是实现企业价值的最大化。

资本运作是把公司资产市场化、资本化、证券化的过程，通过资本运作可以实现企业价值的最大化。例如，企业可以通过发行股票、债券等方式筹集资金，扩大生产规模、提高生产效率、拓展市场等，从而推动股权价值的高速增长。

第三节

估值拉升：对于企业的增长具有重要意义

股权的估值拉升对于企业的增长具有重要意义。以下是关于股权估值拉升如何帮助企业实现增长的一些关键点。

1. 吸引投资者

当企业的股权估值上升时，会吸引更多的潜在投资者。这些投资者可能是机构、个人或其他企业，他们看到股权估值的增长会认为这家企业具有更高的投资价值和增长潜力，从而愿意投入资金。

通过融资沟通，创业者向投资人就公司的业绩、产品、发展方向等作详细介绍，充分阐述公司的投资价值，让准投资者们深入了解具体情况，并回答机构投资者关心的问题。在勾画前景时，企业要说明融资之后，将付诸哪些行动。这更像一个广告，好像世界在为企业的前行铺平道路。

融资过程中，产品和市场本身是吸引投资人的主要因素，执行计划的人是融资的关键因素。同时客观地讲，从商业计划的完成到接触投资人、演示计划、参观项目和企业，直至签订融资意向，最后融资到位的整个过程中，建立与金融机构的良好沟通关系，是融资成功的重要保障。在同等条件下，这会大大增加融资的可能性。

2. 增强企业信誉

股权估值的提升意味着企业在市场上的地位和影响力得到了增强。这可以提高企业的信誉，使其在合作伙伴、供应商和客户中更有吸引力。

商界流传一种说法："百万元企业经营的是体力劳动的生意，千万元企业从事的是脑力劳动的生意，亿万元企业从事的是诚信的生意。"这说明，要把生意做大做强，一定要把守诺诚信放在最重要的位置。

融资也是同样的道理，表面是借钱，其实是一个企业信誉的体现。

有了良好的信誉，企业可以走资本运作道路，到资本市场进行直接融资，得到迅速的发展并走向成熟，成为行业的"领头羊"，美誉度再度提升，又多了一张美丽的名片。企业步入了这种良性循环，融资再也不是难题，融资成为企业腾飞的有力工具。

3. 扩大业务规模

随着股权估值的上升，企业可以更容易地通过股权融资获得资金来支持其业务扩张。这可能包括开设新的生产线、拓展新市场、进行研发投资等，从而推动企业业绩的增长。

4. 提升员工士气

股权估值的拉升也会提升员工的士气和工作积极性。员工看到自己所服务的企业价值不断上升，会更有归属感和自豪感，进而提高工作效率和创新力。

5. 优化治理结构

股权估值的提升通常意味着企业治理结构的优化和规范化。这可以吸引更多的优秀人才加入企业管理层，提高决策效率，为企业创造更多的增长机会。

中小企业优化治理结构，建立健全法人治理结构，关键在于避开以下禁忌，如图 3-4 所示。

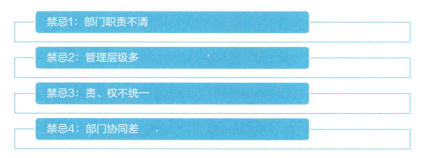

图 3-4　避开的禁忌

（1）部门职责不清

企业组织管理混乱是中小企业的通病，部门职责不清是最常见的问题，比如，商贸类企业市场部和销售部在促销活动和对外媒体宣传上有重叠，生产型企业的采购部和设备部在专业设备采购询价、比价上有重叠，以及人力资源部和办公室在员工办公秩序管理上有重叠等。

出现职能重叠和空白的直接后果，就是有的工作没人做，有的工作大家争着做，使部门之间产生矛盾，浪费公司资源，影响工作效率和质量，一段时间后还会严重挫伤员工的工作积极性。

（2）管理层级多

通常企业管理层级越多，其管控难度就越大，响应反馈的时间就越长。比如，有些中小企业，为了方便对外联系，在企业设了各级副总、副经理和助理等。有一家 200 多人的中型企业，从普通员工到董事长共有 11 个级别，员工汇报工作要逐层逐级汇报审批，严重影响了工作效率。

管理层级多，管理人员就会增加，管理者又不能没有事做，只能是副总做总监的工作，总监做部门经理的工作，造成管理角色错位，对公司来说也是"大材小用"，浪费人才资源。

由于高层管理者参与的细节性的事务很多，基层员工和中层管理者也就不积极，所有事情往上集中，有的高层就会误认为"下面的人能力有限，无培养价值"，造成企业"内部有才不用却去外部高薪求贤，空降兵因无空间施展能力又流失"的恶性循环。

（3）责、权不统一

责、权不统一是中小企业常见的组织问题，一方面企业中层普遍反映责任多、权力少；另一方面企业主又觉得下属大事小事都要找自己定。

由于不能有效授权，企业领导都感觉很累，能力、精力完全受制，企业中就出现了"大领导跑市场、小领导跑管理"的现象，"情况"层层汇报，"指令"层层下达，容易导致效率低下、推卸责任，同时影响主动性，增加协调成本。并且权限过于集中于高层，也会使高层陷入大量事务性工作中，不利于高层考虑企业战略发展等重要问题。

企业不向下授权不行，授权超越必要的控制也不行。很多企业之所以不能充分授权，主要是企业没有建立有效的内部管控机制。企业若要解决授权又不失控的问题，就要提高规范内部流程和建立管控机制的能力。

（4）部门协同差

对于中小企业来说，提升组织效率的实质，就是全体员工工作行为的协同、一致和有效，实现"1+1>2"的效应。

但是，很多中小企业部门之间存在壁垒、推诿和扯皮的现象，有的员工甚至有"有时候跟内部的合作还不如跟外部单位的合作效率高"的心理。

6. 增加并购机会

高估值的股权可能使企业在并购市场上更具吸引力。其他企业可能希望通过并购这家企业来获取其市场份额、技术或品牌等资源，从而推动自身的增长。

为了实现股权估值的拉升，企业需要注重提升自身的盈利能力、市场竞争力、技术创新能力等方面。同时，企业还可以通过合理的股权结构设计和资本运作策略来提高股权估值。总之，股权估值的拉升是推动企业增长的重要手段之一。

中 篇

营销实战

第四章
日日引流
公域传播、外部客户、内部客户带来
更多流量

　　"日日引流"是一个营销概念，指的是通过一系列的策略和活
动，每天都能吸引新的访问者或用户，从而增加流量和潜在客户。
这种方法涵盖了多个方面，包括公域传播、外部客户和内部客户，
每个方面都对引流起到重要作用。为了实现"日日引流"的目标，
企业需要制定全面的营销策略。

第一节

做专家：从跪式销售向顾问式销售转型

跪式销售通常指的是销售人员为了达成销售目标，采取一种较为卑微或恳求的态度，往往忽略了客户的需求和利益。而顾问式销售，销售人员扮演专业顾问的角色，专注于解决客户的问题，提供有价值的建议，并帮助客户实现其目标。

从跪式销售到顾问式销售的转型，意味着销售人员的角色和策略发生了根本性的变化。

1. 为什么要做专家？

销售人员为什么要做专家，成为品牌的顾问？

38岁的Y女士对内衣品质的要求较严格，她现在购买内衣，主要通过信任的美容顾问推荐，购买高端定制内衣，她相信其专业眼光，如此一来也无须在这方面多费心。

同样，在美容院这样专业度高的地方，凡是有关美的商品，都可引发顾客对产品的探索欲，尤其是当其能满足自己的需求时。在美容或美体时，美容顾问和顾客形成信任的关系，用自己的专业能力来征服高端消费群体，使消费者在遇到相关的问题时，自然而然会来征询专业人士的意见。

所以，品牌顾问的存在，有利于第一时间了解消费者的需求，并将其需求及时地转换为专业的语言及个性化的服务方案，努力了解已有或潜在的客户，抓住商机，挖掘本产品市场。

(1) 顾问让客户感觉更尊贵

一件内衣藏有的专业知识足够完成一次成功的顾问式销售，但如果你无法洞察这种深度需求，这笔买卖是很难完成的，所以顾问式销售不仅存在于投资或理财产品中，也存在于我们日常的消费品当中。在针对消费者时，顾问的专业技能能促使他们为消费者提供适合他们的商品或者解决方案，让他们在专业知识和高品质氛围的影响下，做出明智的选择。

第一，只为消费者而存在。

汉应劭《风俗通·十反》："旧俗常以衣冠子孙，容止端严，学问通览，任顾问者，以为御史。"在汉代，"顾问"是供帝王咨询的侍从之臣，"顾问"的形象端严，博学多识，从而成为皇帝的左膀右臂。

由此可见，顾问式销售首先体现的是以专业的咨询者为核心的营销方式。

慕思睡眠床垫的营销，成功启动了"消费者教育"，在睡眠上进行了细分，也许只是一个简单的床垫，但是其导入了人体睡眠等专业性知识来面向特定人群销售。

第二，捕捉细微消费者需求。

顾问式销售不仅可以通过专业知识捕捉消费者心中的目标产品，也可以通过不断的专门化咨询描绘出产品的未来走向。

第三，以顾问式互动抢占商机。

顾问式销售不仅仅满足于单个产品的销售，其可以贯穿整个产品链。不仅可以为终端客户提供咨询，还可以为供应商、流通商、经销商提供顾问式咨询，在以盈利为目的的前提下，与各利益相关方进行互动和合作，在实践中发现新的需求和商机，使利益链上的各方获得共赢。

顾问式销售是营销人员运用分析能力、综合能力、实践能力、创造能力、说服能力在充分领悟顾客的现有需求，预见顾客的未来需求的基础上，运用专业技能，为顾客提出积极的建议和创造性的解决方案，从而在实现顾客利益的基础上实现自身的价值。

因此，我们可以认为，顾问式销售就是营销人员以自己的专业知识从顾客的利益出发，帮助顾客正确选择产品服务，满足顾客现有或潜在的需求，赢得顾客满意和忠诚的一种营销方式。简单来说就是充当"顾问"，实现"双赢"。

顾问式销售与传统跪式销售有很大区别。

消费者角色：从"上帝"（或者被动的接受者）到朋友。品牌的顾问式销售不再一味抬高顾客身份，也不再将他们当作被动的信息接收者，而是像朋友一样，"分享"对品牌的看法和态度，二者从不平衡转向对话。

产品：从性价比高到真正需要。顾问式销售切实从消费者的需求出发，给予解决方案，站在消费者喜好与需求角度给予建议。

销售目的：从购买到赢得信赖。顾问式销售不简单关注将产品"销售"出去，更关注赢得消费者的信赖与认可，通过高水准的服务和专业知识，建立信赖关系，为品牌忠诚打基础。

销售流程：从简单到迂回。麦肯锡对顾问式销售的研究帮助我们更好地理解了两种模式的不同，如图4-1所示。

图4-1 跪式销售（左）与顾问式销售（右）的流程对比

从建立信赖开始，到了解消费者需求，到产品说明及根据需求定制，再到最后的成交，顾问式销售更关注针对消费者需求的针对性服务。

（2）顾问者形象扫描

传统的销售关系中，卖方是售货员，顾客是上帝。但在新型的销售关系中，他们的角色已经发生了变化。在你对商品或服务产生疑惑时，有人会及时出现在你身边帮你解惑；在你诉说自身的要求和情况时，有人会详细分析并帮助你找到适合的解决方案；在你一时无法明确自己的需求和理想产品或服务时，有人会用专业知识洞察你自己未知的需求。

顾问就是这样的角色，既是专家也是朋友，这样的"顾问"形象在顾问式销售中是至关重要的。在销售过程中，品牌和销售人员必须清楚自己顾问的角色定位。

事实上，顾问这个身份，本身就是多重角色的复合体，可能的角色，如图 4-2 所示。

图 4-2　顾问扮演的角色

角色一：朋友。顾问要在消费者心目中确立一个值得信赖的形象——他不会欺骗我，不是在推销东西，而是真正地了解我，把我当作好朋友，推荐的东西很可靠也很适用，总之他是值得信任的。

这是品牌顾问的朋友形象要达到的境界，也是最关键的一步。只有"扮演"好朋友，顾问式销售才能赢得消费者的信任，实现之后的销售过程。并且，朋友的角色不仅仅体现在销售过程中。在销售结束后，顾问式销售仍然要像朋友一样热情地关照他的高端客户。更有人提倡，顾问式销售要推行"7×24 小时服务"，使客户一个星期 7 天、一天 24 小时，无论何时都可以找到顾问，顾问就像最知心的朋友一样。

角色二：专家。顾问的一个重要职责就是提供专业的咨询，量身定做个性化的产品和服务。这就要求顾问具有一个高素质的专业人员形象。

一方面，一个好的顾问必须是所处行业中的专家。顾问应具备行业和市场所应具备的专业知识，甚至具有权威性的发言权。这些专业知识主要指对消费市场的洞悉、对时尚潮流的把握、对企业品牌的认知、对竞争品牌的了解以及对消费者个人情况的理解。顾问通过掌握并灵活运用这些知识，帮助消费者在收集信息、评估、购买的过程中，了解产品的特性、优势，做出正确的产品购买选择。

另一方面，一个好的顾问必须是市场的专家。只有这个市场的专家，才能洞悉消费者的个性化需求，甚至比客户本人还要了解。顾问不仅能够解决客户的问题，提供专业化的咨询服务，而且能察觉消费者自身尚未察觉的需求，即为客户潜在的个性化需要提供终极解决方案，帮助他们找到正确的产品或服务，并为品牌赢得专业的形象。

角色三：高端人群。作为品牌的顾问，顾问的形象要符合人群的设定。

面对高端消费市场，顾问必须具有这个圈层所应有的高姿态、时尚品位、文化积淀。

高姿态，是在与目标高端客户无限接近的情况下，在消费市场上保持高人一等的形象；时尚品位，是顾问应具备的符合消费群体的时尚触觉和潮流敏锐度；文化积淀，是顾问应拥有的文化底蕴和接近目标圈层的文化情趣。

简单来说，顾问式销售中的顾问，既要像朋友一般接近消费群体，又要像消费群体一样具有高端时尚的气息，才能实现平等有效的对话。

（3）顾问式销售方法论

顾问式销售有五大利器。由于消费群体存在差异，我们在使用顾问式销售的时候，侧重点自然有所不同，具体的实施手段也不同。

①建立信赖

建立信赖首先要做到与消费者亦师亦友。顾问的形象既是专业人士，更是高端人群的朋友。朋友，则以尊重为基础，以倾听为媒介。要求品牌的顾问尊重消费者，尤其是尊重他们对身份、地位的要求。一方面要尊重他们对身份地位、品位气质的情感需求，给予他们最大的满足；另一方面要耐心倾听消费者对品牌的需求甚至抱怨。在尊重的基础上，给予朋友般的建议和意见，是顾问式销售的理想实施状况。

消费者希望顾问式销售能提供专业化的指导，降低产品购买的风险，减少消费的盲目性。如果消费者在购买或选择品牌之前对该品类的产品毫不了解，又或者对产品品牌的特点、品牌文化毫不知情，那么即使是个高学历的消费者也难免会感到一头雾水。如果盲目地听从亲友的建议或销售人员的游说而购买，则很容易承担购买品牌不适合自己的风险。虽然，对于这个品牌来说，表面上完成了一次销售行为，但本质上却告别了一个潜在的忠实客户。提供专业化的意见，顾问如老师、行家一般帮助消费者做出真正符合自己需要的选择，不但能赢得消费者更强的信任，而且能将购买行为从一次性的消费转变成长久性的友好合作关系。提供专业的指导意见，给予朋友般的贴心服务，正是品牌建立信赖的第一步。

②满足需求

顾问式销售尊重不同人群的不同需求。当下，消费者对品牌的需求更加精细化、多元化和差异化。消费者追求的核心价值已不再局限于产品本身的物理功能，而是更加看重品牌的企业文化、符号象征以及所带来的精神附加值。

品牌要在每一个方面都能满足目标消费者的需求。小到功能诉求、终端氛围，大到品牌文化、身份地位的象征，都应该以消费群体的需求为立足点，从而体验到品牌所带来的细致入微的享受和贵宾般的荣耀。

同时，消费者的潜在需求也是顾问式销售需要挖掘的对象。顾问既要十分了解自己的产品和品牌，也要了解消费市场的行情；既要了解最新的时尚潮流，也要了解消费者心理变化趋势。总的来说，顾问式销售需要顾问在专业化的基础上具有很强的分析能力，这样才能发现客户自身尚未察觉的需求。

顾问式销售从消费者的角度来看问题，理解他们对于身份、地位、时尚等元素的渴望，理解他们的需求，甚至可以看出他们的潜在需求。正如惠普（中国）有限公司认为，顾问式销售要求销售人员站在顾客的角度看问题，处处为顾客着想，使顾客的购物所得与购物支出的差值最大，这样，顾客就会主动放弃竞争对手的产品，从而达到占领市场的目的。

③高端品牌的个性化定制

消费者的需求个性化导致了品牌的个性化——尽可能多地向消费者提供除基础功能之外的附加价值，例如品牌独有的文化、品牌所带来的时尚感以及品牌所赋予的独特身份地位等。这些都带来了品牌的个性化。

顾问式销售就是要通过提供这种个性化的产品和服务，制定适合消费者个人需求的解决方案来吸引客户，赢得他们与品牌的长期合作关系，形成对品牌的忠诚度。

这里的品牌个性化包括：培养独特的品牌文化，赋予个性化的时尚品位，及时提供产品信息，开发适合客户个性化的产品，给予客户最大的精神附加值，同一类产品的个性化定制、服务等。

④产品销售及售后

顾问式销售是一个多次销售过程互相联系的有机整体。上一次销售的结束就是下一次销售的开始。对消费者的劝服和品牌形象的建立不因为一次销售的结束而结束。消费人群通常有自己的圈子，在圈层中口碑的力量是巨大的。一个人的消费行为可能影响到 1000 个人对该品牌的认知。最终的销售情况和售后服务的优劣直接决定了品牌能否打入消费者的圈层，赢得良好的声誉。因此，顾问式销售的销售环节和售后服务是绝对不能马虎的。

顾问式销售进行到销售环节，顾问依据消费者的个人需求和喜好对产品的高品质、个性化、与之的匹配性一定有着或多或少的承诺。相较于销售成绩而言，承诺的真实性和履行承诺更为重要。

同样地，顾问式销售还要求保持售后的感情联络。既然顾问式销售强调朋友一样的信赖感，那么销售结束后，时常与自己的高端人群顾客保持联系增进感情是非常必要的。

最后，顾问式销售还要做好反馈意见的工作。在完成销售以后，顾问式销售要尽量得到客户的意见反馈。可以定期地咨询客户；可以让客户参与品牌开展的活动以了解他们的使用心得；也可以邀请客户参与文化休闲活动，以交流的方式获得客户的意见。这样的意见反馈，既能满足消费者被他人尊重的需要，又能及时了解他们对产品、品牌的意见和建议；既有利于品牌的改进和创新，又有利于与客户保持情感的联系，可以说是培养忠实高端客户的重要一步。

2. 销售的三重境界

销售的本质是实现价值交换。这意味着销售人员需要识别并满足客户的需求，同时确保所提供的商品或服务对客户来说是有价值的。销售分为三重境界，如图 4-3 所示。

图 4-3　销售的三重境界

（1）最低境界的销售就是无底线讨好

唯唯诺诺、战战兢兢，不敢给客户打电话、不敢拜访客户、在跟客户说话的时候不敢发表自己的观点，认为自己比客户低一等，自叹不如客户，或者业绩都是靠攀关系、请客吃饭、玩命陪酒到深夜得来的，把赢得客户的"可怜"作为成单的筹码。委曲求全的关系是没有未来的，直白点说，这样的跪式销售，只会低三下四，不会有前途。

（2）中间境界的销售是做客户的朋友

彼此的关系是平等的、对等的，客户是付钱给了你，但同样你也提供了相应的价值，没有谁高谁低，没有贵贱之分，你的底气在于你的产品的确能帮客户解决问题。

（3）最高境界的销售是成为客户的老师

什么是老师？掌握某一项技能，并且愿意把此技能传播出去的专家。

在消费市场你是卖养生产品的，更重要的是教会客户如何养生；在创业市场你是卖创业项目的，更重要的是教会加盟商如何赚钱；在资本市场你是卖未来价值的，更重要的是教会投资人未来增值的方法。

这样的顾问式销售，是品牌制胜的一大法宝。

顾问可以是朋友、专家或者与高端人群相一致的高端形象人群。在顾问式销售中，首先要建立与消费者的信赖关系，从消费者实际需要的角度，提供针对性的定制化产品，并持续至产品售卖。

3. 成为专家的好处

成为专家有几个显而易见的好处，如图 4-4 所示。

好处1：吸引更多流量

好处2：带来更高业绩

好处3：带来终身复购

图 4-4　成为专家的好处

（1）吸引更多流量

成交是一个漏斗，上面开口越大，下面积聚的就越多。上面开口的大小，就是与市场接触面的大小，若想增加与市场接触面就不能单单卖产品，而是要用老师的形象去卖解决方案，去传授、去在客户的现状和梦想之间搭建起一座桥梁。

若你是卖红糖的，只讲自己的红糖是什么质量，就不如在前期先讲怎么调理气亏血虚、如何缓解头晕目眩、怎样改善失眠多梦、如何解决疲倦无力……因为你只会讲红糖产品，就会丢失大量没有意识到自己的问题可以用红糖来解决的客户。

若你是做餐饮加盟项目的，只讲怎样把菜品做好就不如在前期先讲怎样让门店流量暴增、如何不花钱就能创业成功、门店业绩提升的十大窍门……你讲的范围越大，吸引来的创业者就越多。做餐饮项目加盟，若吸引的仅仅是餐饮从业者，你的漏斗开口就不大，若吸引的是正在寻找创业项目的各行各业的人，你的漏斗开口就大了一圈，若吸引的还有手里有钱但不知道如何找项目投资的人，你的漏斗开口就又大了一圈。

（2）带来更高业绩

当自己身价百万元，客户身价过亿元时，很多人就认为自己混得不如客户好，在销售时就没有了底气，其实大可不必。与客户的关系本就应该是由你来主导的，因为在你的细分市场里，你投入了足够多的身心精力，所以你有资格主导。

就像医生告诉病人，他需要吃什么药，什么样的治疗方案是最好的。哪怕这个病人身价千亿元，他也要听医生的话。老师应该告诉学生，学什么，怎么学。因为人与人的视野和角度不一样、专研领域不一样。

虽然客户对自身的问题有第一视角的、亲身的感受，对梦想和痛苦体验得比你深，但是你解决问题的方案更全面、更系统、更高效，因为你一生都在研究如何解决这个问题，而他只是用一部分的时间。

当然，主导不是霸权，更不是"你必须听我的"。主导是因为你对解决方案的理解比客户更深，所以你有义务和责任告诉客户，最好的解决方案是什么、下一步最佳的实践目标是什么、应该采取什么样的措施、应该采用什么样的策略、应该使用什么样的产品。

客户想要有效果，你就一定要敢于提要求。什么样的人敢于提要求？越专业的人越敢于提要求。你越提要求，客户就越有安全感，因为有要求意味着你对结果负责。当客户足够认可你作为老师的身份时，你提的所有建议客户都会接受。最高明的销售境界就是不用销售，"不销而销"就是这样实现的。

（3）带来终身复购

当你成为一个品类的专家时，你卖的就不再是一个产品，也不再是短暂的解决方案，而是客户一生中此类问题的解决方案，这样你就永远不再担心客户的复购问题了，因为相比只会讲产品的竞争对手而言，你包揽了客户的一生。

卖奢侈品的销售可以是奢侈品鉴别、保养的专家；卖豪车的销售可以是车辆配置的专家；卖豪宅的销售可以是最佳住宅解决方案的专家……

这样客户只要买奢侈品、豪车、豪宅就会找你，还会推荐身边的朋友找你，极致的解决方案就是撕开商业世界终身流量的最好端口。

顾客到服装店买衣服，到化妆品店买化妆品，到皮具店去买包包，到珠宝店买珠宝，等等，顾客买的这些东西，绝不单单是看上了它们的使用价值，最终目的是让自己变得更美丽。

那么，怎样打扮才能让顾客变得更美丽呢？这就需要有一个角色——"美丽管家"，可以根据顾客的个人形象，告诉她怎么穿才会比较漂亮、应该怎么化妆才比较好看，并且把她个人形象通过整体形象设计有效管理起来，然后根据她的不同需求，帮她匹配各种各样的产品。

对于商家而言，过去是以产品为中心，你有衣服、有鞋子、有包包等，你绞尽脑汁地研究如何把它们卖掉，这是你的核心诉求。过去是销售导向型，把梳子卖给和尚，创造不可能，才是最厉害的能力。现在的顾问式销售，是以服务为中心，如何服务好一群人，让他们生活得更美好。你卖的不单单是衣服、鞋子、包包等商品本身，你卖的是如何让别人变得更美丽的解决方案。

再比如，假如你从事保健品行业，你卖的不单单是保健品本身，而是通过你的健康解决方案，让人们变得更健康，顺便把产品植入进去。

在今天，企业最大的机会就是从过去的管理、销售转向做服务。服务谁呢？第一，服务消费者，让人们的生活变得更美好；第二，服务商家，如果你能够有一套整体的解决方案，能够帮助你的客户、实体店让生意变得更好，那么也是你赚钱最佳的机会。

更多流量、更高业绩和终身复购，其实是销售的三个阶段，分别代表了销售过程中的三个目标，如图4-5所示。

更多流量是销售的第一步，也是基础。在这个阶段，销售人员的主要目标是吸引更多的潜在客户。这通常涉及市场营销、品牌建设和网络推广等策略。通过有效的宣传和推广，销售人员可以让更多的人了解产品或服务，从而提高潜在客户的数量。

更高业绩是在吸引了足够多的潜在客户之后，销售人员需要将这些潜在

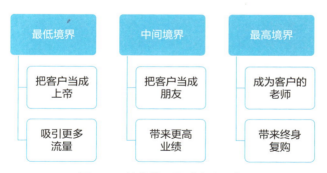

图 4-5　销售的不同阶段和目标

客户转化为实际购买者，以实现更高的销售业绩。这需要销售人员具备良好的销售技巧、产品知识和客户服务能力。同时，还要准确识别客户的需求和痛点，提供有针对性的解决方案。

终身复购是销售的最高境界。在这个阶段，销售人员不仅要吸引新客户，还要保持与现有客户的长期关系，使他们成为忠诚的回头客。这需要销售人员提供卓越的产品质量、优质的客户服务和持续的价值创新。通过建立良好的口碑和品牌形象，销售人员可以促使客户多次购买，甚至成为品牌的拥趸。

总之，销售的三个阶段是一个逐步升级的过程。从吸引更多流量到实现更高业绩，再到促进终身复购，每个阶段都需要销售人员具备不同的能力和策略。通过不断提升自己的专业素养和服务水平，销售人员可以逐步达到这些境界，实现销售的成功和突破。

4. 做专家的商业案例

案例 1：消费市场案例——醉鹅娘

"醉鹅娘"通过红酒专家形象生产内容来引流，后端建立完善的电商体系，年变现达到 3.5 亿元，成为真正的"互联网红酒女王"。

和大家熟悉的"国货"起家方式——铺天盖地的软硬营销（比如花西子、完美日记）不同，它几乎从来不砸钱打"洗脑式广告"，全靠内容打造 IP，从各个平台上"白赚流量"：它的推广内容遍布微博、微信、抖音、快手、知乎、小红书等主流平台。

"醉鹅娘"的借鉴价值，如图4-6所示。

"醉鹅娘"有两点非常值得我们创业者借鉴：

1 它是如何做内容的？

2 它是如何实现后端变现的？

图4-6 "醉鹅娘"的借鉴价值

（1）用说"人话"的方式讲红酒

"醉鹅娘"是创始人王胜寒的网名，在王胜寒刚刚接触红酒的时候，她就感觉每一款酒都能品出来不一样的人生，后来她开始学习红酒专业知识。结果看了几本书后发现很多书上的文字表述晦涩难懂，用她本人的话来说就是很多红酒书籍的表述就是在通过"高大上"来PUA普罗大众，让大家感觉红酒高攀不起。有的人选择融入红酒体系、有的人选择避而远之，但王胜寒选择了第三条路——她要把红酒世界拧巴的语言变成所有人都能听懂的语言，做最好的红酒内容。

当酒商们沉浸于强调土壤的组成成分、年份对酒的影响时，"醉鹅娘"会用非常个人风格的语言，提供小白消费者真正想要知道的科普知识，比如怎么用红酒装酷、怎么像专家一样品酒。

描述红酒时，"醉鹅娘"用极富想象力的语言让酒有了灵魂："这个酒让我觉得像贝隆夫人；那个酒像是下着小雨湿漉漉的巷子里头走过来的一只毛茸茸的小绵羊；还有一支酒像我的被子，柔软、保暖还透气。"

在内容形式上，"醉鹅娘"也在不断突破。比如扮演"鹅阿姨"，用给葡萄酒"儿子"相亲的方式，向小白科普为什么大多数场合下红酒配红肉，白酒配白肉。

现在网络对"醉鹅娘"的评价是：一是相对专业；二是通俗易懂。不管懂酒人士怎么质疑，都无法否认，"醉鹅娘"是网红中最懂酒的，红酒领域中最接地气的。

其实很多行业在内容生产上都有些"高大上"，有很多专业术语，这时候谁能拆解成大家都能听得懂的话谁就是内容流量的王者。

从最早的《诗经》到唐诗、宋词、元曲，再到现代的白话诗、白话文，整体的趋势都是文字变得越来越通俗。罗翔为什么火？因为他能用大家听得懂的笑话来解释晦涩的法律知识；戴建业为什么这么受大家追捧？是他让我们了解到原来诗词背后是一个个有趣的故事和一个又一个鲜活的灵魂。

当下做流量的核心就是内容为王，什么叫好内容？如何用专家形象生产好内容？"醉鹅娘"给了我们很好的答案。

（2）一整套私域电商模式

除了线上流量平台的运营和转化，"醉鹅娘"会用专家的形象布局自己的领域。通过在各大公域平台进行高效引流，将流量沉淀至自己的私域主阵地上（微信），构建自己的用户资产。并用公众号、小程序、社群、企业微信去做承接转化，拥有自己的一套私域电商模式。

那么，这套商业模式是怎么构建的呢？

第一，福利做钩子，引流私域。用户关注公众号，自动弹出的欢迎语会引导用户添加"醉鹅娘"个人微信；添加成功后，会赠送优惠券并引导入商城浏览；引导进社群，社群中也经常会发布新的福利信息和酒款推荐，通过建立垂直社群，为用户提供葡萄酒每月订购、食材器具精选等。

第二，公众号做私域沉淀。除了日常更新的酒类内容，也用公众号做目录和私域沉淀，通过底部菜单栏链接"醉鹅娘"全线产品。既有特价专区、商城链接、会员订购和礼品推荐，又有"醉鹅娘"的图书、WinePro知识产品。

首先，菜单栏一共有15个入口，其中的11个入口用户点击后最终跳转都是线上商城，可以快速购买产品。

其次，还会给旗下知识产品，比如红酒进修室、"醉鹅娘"的图书进行引流，力图转化一批想学红酒知识的用户。

最后，从"醉鹅娘小酒馆"菜单内容布局上，从知识产品的内容上，从产品的体验包装上，从增值的服务流程上，每个环节都在无形中强化品牌价值和占领用户心智。

第三，通过小程序进行转化。"醉鹅娘"小程序首页，也充满着消费氛围，通过极大的价格诱惑、高端的海报氛围、醒目且有紧迫感的文案，以捆绑、赠品、优惠券的组合策略，刺激用户的下单欲望，大大提高了下单转化率。

为了更容易吸引用户完成首单转化，用户一进入商城首页，就会弹窗推荐"引流酒"，并用关键词"占我便宜酒"对消费进行心理暗示，再配合价格差对比及发放优惠券，来更大程度提升转化。

同时，首页部分也设置了一个抢眼的"会员回本"入口，礼包内包含会员和音频课程。一方面让用户"付费体验"3个月的会员，来提高新用户的下单频次；另一方面也能提高客单价，转化、留存、复购都不误。

值得佩服的是，"醉鹅娘"为了消除用户的选择困难症，会按照用户买酒的优先级排列。按标签、按时间、按品类等来做精细化的商品分类，无形中也完成了用户生命周期的产品体验。

第四，独有的会员电商模式。

①包月订购产品。在私域推广上，"醉鹅娘"结合国外一些俱乐部的模式，开发出企鹅团葡萄酒，按月订购服务——成为会员，打造自己的"醉卡"，也就是会员电商模式。其中的"每月订购"是企鹅团的核心特色产品，堪称国内首创，用户提前付款买下套餐，之后每月会直接收到一瓶由"醉鹅娘"亲自甄选的葡萄酒，均价一般低于该酒品在市场上的单价，类似福袋的模式。

②会员等级权益。"醉鹅娘"云顶红酒club，7个会员等级，不同等级对应不同的产品权益和内容，通过会员阶梯的升级模式，用户是不断成长和升级的。通过两种会员模式，既同时培养了用户品酒的生活习惯，极大程度地提升了用户的活跃留存率，使用户在每月的会员酒之外选购其他酒类，也提高了用户在"醉鹅娘"的连带消费率和复购率。

第五，线下店铺。"醉鹅娘"不定期地在北京、上海等地举办一些线下活动，如圣诞节聚会、红酒品鉴会、春日樱花派对、晚宴等。早在2018年左右，"醉鹅娘"曾经尝试在上海开设"醉鹅娘"小酒馆，但酒馆未能长期经营。

"醉鹅娘"的代理商，以一些卖酒的线上店铺和线下卖酒实体店为主。酒本身是一种感性消费的商品，从渠道上来看，用户在线下途径能够更好地体会和感知它。"醉鹅娘"已经就内容、销售、招商、裂变，搭建了相对完整的培训、分层体系，帮助已有的B端招募新的B端，组建了约50人的团队。"醉鹅娘"意图依靠这样的管理方式搭建一套远超传统酒类经销的推广体系。

（3）"醉鹅娘"的私域运营策略

第一，品牌IP。创始人IP是成功关键点之一，采用真人头像更能增强信任，特别是通过好友后自动回复的3个内容，层层递进，先给好处，再真人出镜视频，没有任何销售意图的展现，最后进入社群统一管理。

朋友圈和社群的文案非常好，哪怕是促销，都没有一丝逼迫的意思，而是制造欲望，让客户主动购买，而且站在不一样的高度，不断塑造该款红酒的价值，吸引消费者注意，勾起购买欲望。

第二，社群运营。把"醉鹅娘"的版块拆开，首先，亮点是每日分享。其次，是互动环节，竞猜、游戏、试用、猜酒等，有的时候会有奖励、有实物，还有优惠券，其形式和内容值得学习借鉴。

运营节奏：

①发送频次：日常3~5次/天，节假日或秒杀活动会根据具体情况进行调整。

②发送时间：上午10点、中午12点、下午4点、晚上8点这几个黄金时间段。

③发送内容：优惠福利、秒杀活动、互动环节。

④发送形式：文字、图片、视频、小程序。

客户见证就来源于社群，又反哺给社群。

活跃度：云顶鹅>会员群>预备群，客户见证在哪里都必不可少，建立信任，引发客户从众心理，进而促进客户下单。

通过构建IP影响力获得粉丝信任，成为代理商变现，再发展自有品牌，就是"醉鹅娘"能长红的原因。如图4-7所示。

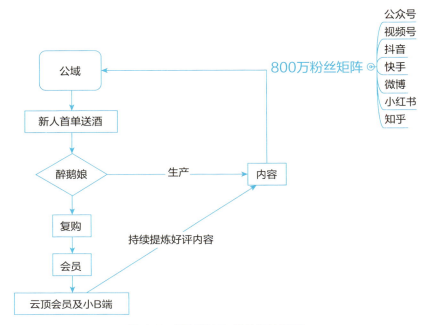

图 4-7 "醉鹅娘"能长红的原因

看完"醉鹅娘"的案例，你可以思考以下 5 个问题：

①你的企业如何从各大平台"白赚流量"？

②你的企业如何做内容才能让外行人也听得懂？

③你的企业私域客户沉淀流程做到了什么程度？

④你的企业会用"会员制"将客户终身绑定吗？

⑤如何把你的专业知识汇总成一本可以传播的书？

案例 2：创业市场案例——方太

若你的项目要做招商加盟，在全国招合伙人或渠道代理商，你要宣传什么内容能吸引来更多的创业者呢？宣传你的产品有多好？你的项目怎么让别人赚钱？你是怎样给加盟商赋能的？你的团队有多么厉害？你企业的愿景是做到什么程度？

这种宣传的结果就是：你面临的竞争会异常激烈。

你说你的项目好，竞争对手也说自己的项目好，随意打开一个招商加盟网站，可加盟的项目有数万个，你凭什么能在众多加盟宣传的"小方块"中脱颖而出？

笔者创办极简增长的目的，就是让竞争变得无关紧要。如何让竞争变得无关紧要？你得有竞争对手没有的东西。如何拥有竞争对手没有的东西？你站在比他高的维度上就可以了。

什么是招商加盟？为什么其他人会跟你创业？他们愿意跟随你创业的本质原因是什么？本质原因是他认可你的使命、愿景、价值观、经营理念、产品理念、未来发展规划……

如何把以上的这些内容更好地传递给创业市场呢？靠的不是兜售自己的项目，而是把自己包装成创业市场的老师，成为创业市场的专家。

这方面有一家企业做得非常好，它做出销售业绩后没有讲自己的项目有多好，而是把自己多年的管理理念制作成课程供各位创业者学习，甚至一度在市场上刮起了学习这家企业文化的风潮。这家企业就是方太，中国的著名厨具品牌。

当年，茅理翔创办了一个家电公司，名叫飞翔电器，这是根据他自己的名字起的。后来他的儿子茅忠群留学归来，儿子是有品牌意识的，建议把公司改名为方太。

茅忠群说："家电和飞翔没什么关联，方太——太太的太，这是有关联的。"最后儿子说服父亲，改名为方太。名字一改，定位随之改变，变成了高端家电领导者。要知道，取个好名字，成功一大半。

还有一个家电公司，叫红星五金厂，专门代工油烟机。后来，他生产了一种自己品牌的油烟机。有了自己的品牌油烟机，负责人出门都被人称为"老板"。在 20 世纪 80 年代，老板这个称呼特别时髦，他就准备把红星改为老板。

1988 年，红星五金厂正式改名为"老板电器"。这个名不算好，太太是进厨房的，老板是不进厨房的。所以，老板品牌基本被方太压制。

后来老板电器重新做了定位。聚焦一种产品——抽油烟机。定位大吸力，有了这个定位，老板抽油烟机销量做到第一，还带动了整个老板品牌，成为厨具行业第一名。有了这个定位，老板就可以和方太正面抗衡。后来，方太成为高端厨电领导品牌，老板成为厨房电器领导品牌。这两家的定位听起来没什么区别，品牌故事却完全不同。

方太的董事长茅忠群提倡：文化即业务。比如有的企业在与客户做业务交流时，首先会介绍企业文化，以取得客户好感，再与客户谈业务。这叫"文化搭台，经济唱戏"，最大的好处就在于当对方对你的文化产生敬仰的时候，成交就是顺理成章的事情，而且这种成交关系在未来会更为牢靠，因为对方认可的是你"专家"的身份。

方太是如何打造自己的专家形象的？

第一，出了一本书《方太文化》，书籍内容概括如下。

方太企业的"三观"：为什么要做这家企业；要成为一家什么样的企业；企业相信什么应该做、什么不该做……

方太的"五个一"：立一个志、读一本经、改一个过、行一次孝、日行一善。

优秀企业的践行体系：顾客得安心、员工得成长、社会得正气……

经营可持续：战略管理、运营管理、人文管理、风险管理……

第二，成立了一个学院——方太文化研究院。

方太文化研究院包括方太文化体验营、方太文化修炼营、方太文化践行营、文化即业务、线上课程、方太标杆游学……

看完方太文化研究院的内容，你真的能感受到方太的定位和他的同行不一样，方太站在了整个行业乃至整个中国商业生态的"教育者"的角色上。正是这种"教育者"的角色让方太可以实现项目的不销而销，关键是这种角色打造出来的忠诚度是远远超过单纯的售卖项目的。从长远来看，这是一条非常正确的道路，那走这条道路会很难吗？中小民营企业可以借鉴方太吗？

企业定位的方法论，可以概括为三步。

第一步是"为何奋斗"，即创始人的初心，集中体现在企业的使命和价值观上。如果创始人的初心是赚钱，那么他的企业定位就是赚钱机器，最终是走不远的；有的创始人的初心是追求极致，那么他的企业就是有匠人精神的企业，不以利益最大化为目标，反而可能成为百年老店。

第二步是"抢占山头",经过创业初期的打拼,你成功掘得第一桶金,终于活下来了,那么接下来就要根据自身优势,在市场上寻求一席之地,抢占一个细分的山头,形成清晰的发展目标。比如,方太定位为高端厨电专家,劲霸男装专注夹克,都是抢占一个"山头"。

第三步是想方设法做到"与众不同"。如何在众多"山头"当中凸显自己,做到与众不同,一枝独秀?这就需要发挥"长板理论",聚焦核心竞争力。比如,华为耐得住寂寞,几十年如一日聚焦在主航道,进行饱和性攻击,不在非战略机会点上消耗战略竞争力量,最终厚积薄发,做到了真正的与众不同。相比之下,很多巨头就显得比较平庸。

企业定位的根本是"为何奋斗"。阿里创始人说过:"先有使命再派生价值体系和价值观,有了使命和价值观,就必须推出一个愿景,有了愿景然后制定战略,有了战略再创建组织架构,然后确定人才和文化,这是一整套的系统。"其逻辑关系:使命和价值观→愿景→战略→组织架构→人才和文化。而使命与价值观是源头,也就是企业定位的源头。

比如,苹果公司最初起步于个人电脑产品。创始人乔布斯提出"让每人拥有一台计算机",将苹果产品一开始就定位于个人工具,帮助解决个人问题,专注于创造个人用户的极致体验。并且这一理念,至今没有改变过。

基于此,苹果才有生生不息的创新能力,并后来者居上,超越资格更老的对手。苹果电脑重新定义了个人电脑行业;苹果手机颠覆了摩托罗拉、爱立信、诺基亚等行业巨头;苹果 iPod 挑战了索尼和飞利浦等传统"大佬"。

由此可见,人们关心的首先不是产品是什么,而是你能为我解决什么问题。苹果不用"我是做什么的"来限定自己。同样,中国的企业小米也不会限定自己就是做手机的,小米的成功,并不是小米手机等产品的成功,而是经营社群的成功,小米锁定特定社群,提出"小米,为发烧而生"的理念。小米代表一种价值主张,代表一种生活态度。

阿里不会限定于做淘宝,淘宝之后还有天猫、聚划算、全球速卖通、阿里云计算、支付宝、菜鸟、蚂蚁金服等,上市后通过一系列资本运作,正在成为多元化的阿里集团,阿里的用户也日益复杂。那么,阿里的初心是什么?答案就藏在"让天下没有难做的生意"这句话里。

华为不会把自己限定于交换机设备,不仅为运营商和企业服务,成为全球最大的电信运营商，更能与时俱进，为消费者服务，成为中国本土最大的手机厂商。华为为了什么目标奋斗？答案也是一句话："构建更美好的全联接世界。"

一旦用户认同了你的使命与价值观，就会长期认同你的产品和服务。这就是那些有使命与价值观的企业长盛不衰的原因，足见定位对于企业战略之重要性。

困惑一：有的老板会有疑惑，方太之所以讲文化有市场那是因为方太做得足够大，市场规模都是千百亿级别的。我去讲企业管理和文化，会有市场吗？

①只要你敢讲，就有人敢听：如果你不是世界首富，这个世界上总有人做得比你好、企业做得比你厉害。同样，只要你在创业，哪怕你才刚刚开始，你的精神也可以激励那些不敢创业的人。其实你只需要赢得一部分人，在这个层面不妨大胆一些：中国市场这么大、人口这么多，只要你敢讲就一定有人敢听。只不过你发展的水平不同、驾驭的人群不同而已，若你希望影响更厉害的企业家，那就在发展过程中把自己修炼得更优秀。

②最鲜活的经验来自一线：你可能会困扰，说很多人喜欢去参加 MBA 之类的课程培训。你若真的了解培训市场，就会发现西方所谓著名学者的理论体系多数是企业闯出一片天地后的锦上添花。而绝大多数中小企业若想真正做起来还得靠一线实打实、摸爬滚打出来的经验，而这方面的内容只要你比同行努力一点、用心一点、实践迭代得更快一点，一定能形成自己的体系。这些来自一线最鲜活的内容再加上稍微的润色就是一个实战的培训产品。

困惑二：有的老板会有另一个疑惑，若是我跟方太一样把自己企业的"经营秘诀"在市场上大肆宣扬，那么是不是竞争对手"抄袭"我就变得很方便？

①分享这个事情要做一辈子。商业模式的本质是利他，就是你先得给别人贡献价值，通过贡献价值产生信任后人家才有可能跟你合作。

作为创业者，你把自己的经营秘诀分享出来，通过分享解决对方的急难困苦。这样你就会赢得别人的尊重、别人会传播你的好名声、你在市场的影响力会增强……所有的这一切都会体现在你企业的业绩提升和发展上。

②被抄袭不见得是件坏事。你知道哪个行业被抄袭得最多吗？我们以奢侈品行业来举例。

国内有很多仿制的奢侈品，一个 LV 的包原价 20000 元，高仿品 2000 元。那么这些高仿品是不是抢了正品的市场？并不见得。因为买高仿品的人可能是目前财力不允许，但需要奢侈品来"装饰"自己的"形象"，所以选择了高仿品。但高仿品一方面扩大了这个品牌跟大众的接触面；另一方面买了高仿的人有一天有了实力是一定要买正品的。

当然基于商业道德层面我们谴责抄袭者的行为，但一方面基于目前的商业环境，"被抄袭"不可避免，那我们不如就接受；另一方面当你成为别人抄袭的对象时就代表你已经很厉害了，况且抄袭者对你还是一种变相的宣传，这不就成了一件对你有利的事情吗？

③放心大胆地让他抄。一个企业的真正成功是多个因素的集合。收入＝A×B×C×D×E×F……每一个字母代表企业营销链路中的一个环节，第一类人每个环节他少抄了 10%，最后他的效果就变成了不到 50%；第二类人他真的抄到了 100%，那这样的人无论抄谁都会成长为成功者。

而市场 99% 都是第一类人。别人大概率是不可能抄全的。比如你现在看我的书，你可以把书上的内容一字不落地背下来去复制，但你抄不了的是我背后 10 年的实战营销经验；你可以学习我的课程然后去讲授，但同样地，你抄不了的是我陪跑几百家企业的积淀……你读过的书、走过的路、踩过的坑、见过的人、挑灯夜战的日子、埋头苦干的时光、打造过的团队、在客户心中种下的善因……都是别人抄不了的。

真正赚钱的项目别说看一眼，就算是有人全盘托出玩法和细节，别人也很难去复制成功。为什么？就像市场上有很多从阿里出来的人讲阿里文化、从华为出来的人讲华为的机制，这些讲师会动摇阿里、华为的市场吗？不，他们只会扩大阿里、华为的影响力。

若看到这里你依然担心抄袭者太猛，那么最终的解决方式就是你自己要进步得足够快，快到竞争对手没有抄你的机会。然后你再把如何使自己快到让竞争对手没有办法抄袭的"秘诀"拿出来做分享。

看完方太的案例，你可以思考以下几个问题：

①你的企业目前面对的是消费市场，还是创业市场？

②在你目前的竞争业态中，如何通过升维让竞争变得无关紧要？

③如何像方太一样做整个行业的"专家"？

④怎样修炼自己企业的"专家"技能？

⑤如何理解所有的企业家都是教育家？

案例 3：资本市场案例——墨茉点心局

企业融资的方式有很多，大体来说分为债权融资和股权融资，股权融资又分为民间融资和机构融资。债权融资的钱必须得还，股权融资是投资人和创业者共同承担风险。

民间融资的钱单笔数量比较小，机构融资的钱单笔数量比较大。所有的投资机构投资企业有且只有一个标准：投入。若想在资本市场的机构手里拿到更多融资的机会，作为创业者，你首先得是一个创业的专家。

我们来分析一个机构融资的案例，这个企业靠一个店就融了千万元资本，但现在运营受市场影响出现一点小问题，我们暂且不看这家企业的运营状况，单看它值得学习的融资策略。该企业成立一年内就先后 6 次获得了资本的投资，总估值高达 20 亿~30 亿元，单店的估值更是到了 1 亿元，1 年的时间估值翻了 400 倍。它就是国潮新锐品牌：墨茉点心局。

为什么一家小小门店竟然对资本有这么大的吸引力？先来介绍一下墨茉点心局，再来看真正对资本有吸引力的点在哪里。

墨茉点心局是做中式烘焙的，和传统的烘焙不同，墨茉把点心做得极其精致，不是按斤卖，而是按个卖，吸引年轻人多买几个尝尝。

墨茉点心局所有门店和产品包装采用的都是国潮风的设计，门店 LOGO 是中国瑞兽狮子的形象，字体都是仿古字，目标主要为年轻人。

墨茉点心局善于做年轻人喜欢的"爆品"，主打单品包括麻薯、芝士脆、泡芙、千层酥等都是在传统中式点心产品线基础上，结合芝士、曲奇等西点元素进行了升级改良。门店会不断推出新品，比如限定的春樱系列产品，包括春樱拉丝盘塔、春樱草莓味大福、彩虹蛋爆浆麻薯等，吸引了不少年轻人前去打卡。

集中在商圈和购物中心选址开店，多在年轻人聚集的 CBD 区域。

在营销上，与茶颜悦色"磕 CP"，在线上借助 KOL 大量种草年轻人，在小红书和抖音上都有很高的讨论热度。

墨茉点心局为什么对资本有这么大的吸引力？

如果问所有的投资机构投早期创业项目主要是在投什么，10 条答案中有 1 条肯定是重复的：投入！

我们不去分析墨茉的模式和产品，因为这些都是创业前期必备的。我们重点来讨论下墨茉点心局的创始人——"80 后"的王瑜宵，她身上究竟有什么吸引投资人的潜质？

（1）创始人的经历足够丰富

王瑜宵具有丰富的经历，如图 4-8 所示。

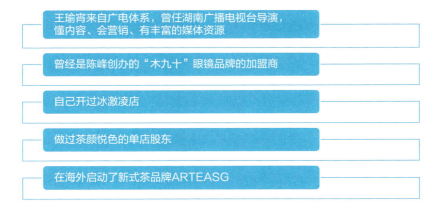

图 4-8 墨茉点心局创始人主要经历

企业刚刚创业，产品还在研发迭代、商业模式还在规划，唯一能吸引资本的就是创始人自身的积淀，走过的每一步路都不会浪费，所有的因素汇聚在一起，就恰好是个好的创始人。今日资本的徐新和任何创始人交流一般都不会超过 2 个小时，但见到王瑜宵后徐新跟了她整整一天，徐新投资墨茉后在多个场合为王瑜宵站台，评价她"有洞察力、懂品牌、有品牌气质"。

（2）融资是创始人人脉的变现

墨茉点心局的投资方有番茄资本、日初资本、今日资本、清流资本、元璟资本、源来资本等，融资其实就是创始人背后经历和人脉的变现，所有之前跟王瑜宵合作过的人，几乎都在她的创业之路上助了她一臂之力。

最先投资墨茉点心局的窄门集团、零拾孵化以及天使轮投资方番茄资本，都是因为王瑜宵之前参加过窄门集团旗下的窄门学社，而番茄资本、零拾孵化隶属窄门集团，在王瑜宵透露出要做中式点心的想法后，双方迅速牵手，结成利益联盟。而后续进入的今日资本的徐新就是番茄资本介绍进来的。

王瑜宵和茶颜悦色创始人吕良关系密切，曾是茶颜悦色的单店股东，后来墨茉点心局创业，通过捆绑茶颜悦色借势营销，墨茉点心局迅速在长沙打响名气。

王瑜宵跟日初资本的渊源更加深厚。日初创始人陈峰早年靠创办眼镜品牌"木九十"在消费领域一战成名，而王瑜宵曾做"木九十"的加盟商多年。随着陈峰从企业家转型做投资人，王瑜宵创业后，日初资本连续3轮加仓，跻身墨茉外部最大投资方。

番茄资本深耕餐饮赛道，投资了巴奴火锅、丰茂烤串、阿甘锅盔、霸蛮、贵凤凰、醉面、鱼你在一起等餐饮连锁项目。日初资本的创始人陈峰接连投中喜茶、元气森林、江小白、海伦司、KK集团、简爱酸奶等明星品牌。搭上资本无异于驶上了企业迅速发展的快车道，这些资本想在各方面提携一下墨茉点心局不是难事。

（3）创始人的魅力

我们要思考的是，王瑜宵怎么做到让每一个曾经跟她合作过的人都愿意拿真金白银来支持她创业的？

从投资人的评价中，其具有两大优点。

第一，商界花木兰。番茄资本的创始人卿永就评价：在一个女性创业者身上能够看出那种男人的创业野心，果断、果敢、理性判断，她会比男性创业者更容易获得事业上的成功。

第二，拜师学艺，王瑜宵拜了好多老师，假设这个技艺她想学会，可以拿出极大的诚意让你愿意去教她。王瑜宵拜的"师"不仅限于商业领域，在中式烘焙的点心领域她也拜了好多老师，跟全国各地的点心大师合作，复兴当地点心，并在这些传统技艺上做创新、升级。所以诸多资本评价王瑜宵对中式烘焙的理解远远超过了我们大多数人，她创新的速度是非常快的，一直坚持创业的初心。

持续迭代、不断更新、超越永无止境，这不正是资本喜欢的特质吗？这不就是创业者的专家形象吗？这种特质不是在融资的时候伪装出来的，而是在平时做事的过程中就体现在一个人身上的。若是现在没有这些特质，就开始练习让自己具备，不然在创业中又何来的"贵人相助"呢？

看完墨茉点心局的案例，你可以思考以下几个问题：
①你要做些什么才能让自己成为创业专家？
②成为创业型专家需要具备哪些特质？
③如何在创业初期就做出让资本市场看好的项目？
④怎样在创业过程中不断打造自己的专家人设？
⑤你知道的企业都是如何融资成功的？

第二节

找"鱼塘"：从带领员工到带领老板

有了专家形象之后，你要从哪里找客户呢？如何提升找客户的效率呢？这就是"鱼塘"策略。找到"鱼塘"，和"鱼塘主"合作，实现高效精准导流，就是带领老板走向成功。

1. 为什么要找"鱼塘"？

找到"鱼塘"，并与"鱼塘主"合作，是实现高效精准导流的一种有效策略。什么是"鱼塘"？你的目标客户就是一条条游泳的"鱼"，他们除了会在你这里买东西，还会游到别的地方买其他东西，一些客户长期且固定在一个地方买东西，这个目标客户聚集的地方，我们称之为"鱼塘"。

这里的"鱼塘"指的是目标用户聚集的平台或社群，而"鱼塘主"则是这些平台或社群的管理者或负责人。

有一个小伙子，他设计了一种商业模式，把咖啡店的生意做得很红火。他发现很多公司员工都有喝咖啡的需求，一般的做法是公司购置咖啡机，放在办公场所，但是咖啡品类比较少，口味也比较单调。

于是他找到大公司，比如腾讯、比亚迪这样的公司，说："我帮你在公司里给员工营造一个好的喝咖啡环境，咖啡品类多，口味好，环境舒适，员工来这里喝咖啡可以享受半价优惠，还可以在这里开会讨论问题，条件就是你的场地给我免租金，甚至出一部分装修费。"

这样，咖啡店就开在办公室边上，开得比较大，能够显著降低场地租金和获客成本，同时也解决了客户的规模和稳定性问题。

腾讯、比亚迪这些大公司有很多员工，光靠员工消费就可以保持盈亏平衡，还可以服务周边其他客户。当然你可能认为腾讯、比亚迪这样的合作机会普通人够不着，你也可以找一些中型公司或者一些创业园合作。

假如你开了一家牙科诊所，客流量从哪来？技术好、店大、装修好，都是标配，如何吸引更多客户呢？这个时候非常重要的一点——在寻找"鱼塘"之前，先打造一个爆款出来。

牙科诊所当中，有一个绝对可以打造爆款的项目就是洗牙。因为牙科是很容易使顾客形成依赖的："我到哪个牙科诊所一次，我可能一辈子就去哪个牙科诊所了，不会换来换去的。"洗牙收多少钱呢？298元，材料成本才几元。牙科诊所其他项目，像拔牙、镶牙、烤瓷牙齿、牙齿贴片都能赚钱，那么把洗牙这个项目拿出来牺牲掉，打造爆款。

下一步，就是找到属于你的"鱼塘"。

你可以与服装店合作。298元的洗牙费，你只收30元，268元给服装店，服装店得到这么大的好处，还能不帮你卖？顾客来你的店里洗牙，你跟顾客有了关联之后，后面拔牙、镶牙、补牙、牙齿贴片，所有的盈利通通都跟上了。

这种寻找"鱼塘"策略的思维有一个基本前提，叫跨行业、同客群。服装和牙科属于跨行业，而他们的顾客（同客群）都有穿衣、看牙医的需求。

也就是说，你不能与"塘主"是竞争关系，不能去别人的"鱼塘"捕鱼，而是合作共赢，共同把蛋糕做大。

那么，寻找"鱼塘"策略的具体步骤有哪些？如图 4-9 所示。

图 4-9 "鱼塘"策略的步骤

（1）确定目标用户

明确你的产品或服务适合哪类人群，这类人群通常会在哪些平台或社群中聚集。

（2）寻找"鱼塘"

根据目标用户的特征，搜索并筛选出相关的平台或社群。这些平台或社群可以是社交媒体、论坛、博客、群组等。

（3）接触"鱼塘主"

与"鱼塘主"建立联系，可以通过私信、邮件、电话或线下会议等方式。向"鱼塘主"介绍你的产品或服务，以及你希望与他们合作的具体方式。

（4）建立合作关系

与"鱼塘主"协商合作细节，如合作方式、利益分配、推广内容等。确保双方都能从合作中获益，并达成共识。

（5）实施推广计划

在合作关系确定后，根据计划开始在"鱼塘"中推广。确保推广内容符合"鱼塘"的规则和用户兴趣，以免引起反感。

(6) 跟踪效果并调整策略

定期跟踪推广效果，如流量、转化率等。根据效果反馈调整推广策略，以优化效果。

以前做生意，你把一个产品卖给几千、几万个人，甚至无数个人。比如，如果做百丽的品牌，要把百丽的鞋子做好，品牌做好，然后卖给成千上万的顾客。而现在的经营逻辑变了，产品是拿来与人发生关联的。

在互联网思维的指导之下，转变传统行业的盈利方式，今天反过来要锁定一群人，卖给他无数次，帮这些用户寻找各种各样的产品，形成一个生态体系。也就是你能够锁定"鱼塘"中的一群用户，然后围绕着这一群用户延伸各种各样的产品。比如，小米的用户叫"米粉"，用一部手机跟小米的顾客发生关联，然后把这个顾客进行相关性的延伸。顾客可以继续用小米的饮水机、电子秤、电视机、衣服、被子……

什么叫生态体系呢？打个通俗的比喻，从你早上起床到晚上睡觉，你花的每一分钱跟我都有关系，这叫生态。近年来兴起的直播电商就是如此，锁定主播直播间的粉丝，把各种各样的产品推送给粉丝，粉丝越多，流量越大，卖的产品也就越多，盈利越高。这两年直播带货的头部达人，一个人创造的利润甚至比很多上市公司都多。

未来的生意怎么做呢？锁定一群人（也就是锁定"鱼塘"）卖他无数次，这还不算，还要让那锁定的一群人，每个人都帮我找来几百上千个人，再锁定每个人卖他无数次，这就是未来的社群电商。

总之，过去的生意是把一个产品卖给无数人；今天的生意是要锁定一群人卖他无数次；未来的生意是不仅要锁定一群人，卖他无数次，还要让每个人帮我找来一批人，再针对这些粉丝卖他无数次，这叫用户生态。

2. 找"鱼塘"的好处：成本最低、精准打击、确保胜利

过去推广主要靠广告，包括电视广告、报纸广告、杂志广告、户外广告，以及互联网广告。仅靠广告还不够，还得做展架。广告促销加推销、地推，这种逻辑是基于产品稀缺的年代，如何找到不一样的产品，定出不一样的价格，找到新的渠道再进行推广创新。

而今天用户稀缺，渠道稀缺，如何找到那些有用户资源、有渠道的"鱼塘主"合作，才是核心关键。比如，我们开咖啡店通常要选好的地段，因为好地段消费者多，但是房租也很高。而降低成本，提高收益，对咖啡店来说，似乎是一个鱼和熊掌不可兼得的事情。那么，有没有一种办法既可以降低成本，又可以稳定获取一定规模的用户呢？

这就可以采取找"鱼塘"的策略。

找"鱼塘"具有以下好处，如图 4-10 所示。

图 4-10 找"鱼塘"的好处

（1）成本最低

"鱼塘"可以是商会、协会，也可以是社群群主，更可以是跟你客户相同但产品不同的公司……

不同于大公司那种每年烧个大几千万元铺天盖地的广告策略，"鱼塘"合作的关键点在于找到能决策的"塘主"，只要能为"塘主"提供足够的价值、为"鱼塘"中的"鱼"提供合适的"鱼饵"就能导流成功。

提供价值可以不分你现在手里的钱，而分未来一起赚的钱；提供"鱼饵"可以通过设计的方式来确保有收益……

（2）精准打击

在中国做企业是最幸福的，因为中国是全球单体量最大的市场。这样的市场环境就为创业者提供了无限可能：大的层面来讲，在淘宝、京东等电商竞争白热化时也没有阻挡住拼多多的崛起，在整个电商极度内卷之时，也没有影响抖音带货的迅速火爆；小的层面来讲，任何一款产品，如青汁、肥皂、饮料、营养品等，只要火爆，在国内都是十亿元以上的体量。

在中国做企业也是最痛苦的，因为茫茫人海之中，任何一个尝试都可以有赚钱的机会：淘宝、抖音、私域、小红书、线下渠道、社区团购……正是因为选择太多反而会让诸多民营企业家迷失了方向，东一榔头西一棒槌，最后什么都没有做成。

当你的储备足够多的时候，你可以在天地间任意驰骋，这就是大企业的广告策略；但当你储备有限时，你只能选择精准出发。定位精准人群，找到合适"鱼塘"，百发百中，这就是中小民营企业的"鱼塘"策略。

在当今流量时代，如何通过抖音、快手等短视频平台精准引流，打造属于自己的"鱼塘"？

有一点特别重要，就是接地气。也就是接近人物设定，你是什么人就说什么话，你是什么定位就讲什么层次的事，你面对什么用户就讲什么排场。例如，要拍乡村题材，就去真实的农村，要住在村里，把大树、小河、鸡鸭成群的场景拍下来，这就是接地气。用锅灶，用捡来的木柴烧火，这就是接地气。说话带着乡音，这就非常接地气。因为接地气，短视频平台会给你非常大的流量。

如果你做米其林餐饮，切不同的菜用不同的刀，而且绝对不会用刀背来拍蒜，做菜过程非常高雅，这也是接地气。米其林的操作方式，本来就是这样。做到了同样能获得很大的流量。

守住初心，相信短视频平台不会辜负你的付出和努力，会精准地给你引流，把对口的用户导到你的直播间。如果初心变了，想借短视频平台"收割"别人，尤其是青少年和宝妈，那么不好意思，你会失去流量，可能会被封号，甚至会涉及诈骗。

（3）确保胜利

"鱼塘"战略是确保胜利的战略。

商战有四种：游击型、侧翼型、进攻型、防御型。在商业领域，市场上的第一名是防御型；第二名、第三名是进攻型；有一定特色基础的是侧翼型；

从零开始起步最适合的就是游击型。

"鱼塘"战略就是游击型，选择我方最有可能胜利的地方拼尽全力。就算这个行业的前几名在市场上投资了几亿元的广告费，但在单一的"鱼塘"层面，他的投入可能远远低于你，这样就可以确保你局部商战的绝对胜利。

3. 找"鱼塘"的商业案例

案例1：消费市场案例——荣大快印

面对产品端的销售若想找到合适的"鱼塘"，最关键的第一步是做好客群定位，当找到适合自己产品的客户群体时，"鱼塘"在哪里就显而易见了。

我们以打印店为例，如果让你去街边开个打印店，你认为你这个门店的一年营收有多少？如果让你拓展这个打印店的业务，你能想到哪些可以拓展的方向？如果让你预估打印业务的天花板，你认为你最高可以做到多少？

有一家企业，只干打印的工作，一年营收达3亿元的体量。原因就在于这个老板有一个非常明确的客户定位，就是找准了绝对精准的"鱼塘"。看完这家企业的市场模型，你会感慨任何行业都有机会，任何行业都有大机会，只是看谁能把握得住。

这家企业叫做荣大快印，老板40多岁才开始开打印店，和周围打印店一样，收打印的服务费，能赚个养家糊口的钱就不错了。但后来在经营过程中发现其实打印业务没有那么简单，有些客户对打印的标准要求很高，比如要打印上市材料的公司。很多打印店不想接这样的业务，因为资料多且繁杂。但荣大的老板周正荣嗅到了这个商机，他把目标锁定在了一项业务上——帮助预上市公司打印IPO申报资料。沿着这一业务主线，开始培训自己的打印员，还把打印员分了好几个等级，一般员工至少要培训3个月才能上岗。

（1）荣大快印有多厉害？

首先，荣大快印的市场占有率是多少？在整个IPO申报文件打印中市场占有率达到了 98%。这是什么概念？就是中国 98% 的上市公司都是找荣大打印资料的。荣大在这个足够细分的领域深耕多年，压根就没有竞争对手。设想一下，你公司的业务若是市场占有率能达到 98%，这将是多么美好的事。

其次，荣大是怎么收费的？一套 1000 多页的资料打印下来，收费 10 万元起步，平均收费 20 万元，最高的收费到了 60 多万元。这个钱赚得比世界上任何一个打印店都要高。有时候不是没有市场，而是你企业的业务能力并没有满足高端市场的需求。

最后，为什么这些上市公司愿意给荣大这么多钱？上市资料太复杂，一个文件格式不对、字体不对、文字错误就有被退回的风险。公司上市像长途跋涉，走到最后一步，可不能因为文件的原因被退回。荣大能确保 1000 多页的资料没有一个错别字，而且全部符合上市要求，这就是荣大牛气的地方。

荣大还能提供上市资料的修改意见，堪称比券商还懂上市规则的公司。

荣大的客户基数足够大，有足够多的经验，它不仅仅是一家打印公司，还能为准上市公司提供专业的咨询建议，这笔钱花得值，客户当然就愿意付费。

（2）从荣大身上我们看到了什么？

每一个创业者都应该好好看看荣大的故事，再小的业务都有市场，只要你做准客户群体定位。定位做好了，"鱼塘"自然而然就显现了，客户引流和转介绍再也不是难点，因为你的目标足够精准。

荣大就是一个妥妥的"隐形冠军"，隐形冠军是赫尔曼·西蒙提出来的概念，指有些企业在小众市场做到世界级别，市场占有率极高、业务极其稳定。

在中国做企业是一件很令人振奋的事情，我们得感谢我们有这么大的市场。中国市场无限大、极其复杂，在中国大水养大鱼是非常有道理的，只要你产品过硬，你有商业头脑，这么大的市场自然有你企业的存活之地。

看完荣大的案例，你可以思考以下几个问题：

①你认为把产品卖给所有人是不是正确的思路？

②你的企业定位在哪类客户群体？

③你定位的客户群体的具体画像是什么？

④从哪里找到客户群体？

⑤你还知道哪些精准定位客户群体的案例呢？

案例 2：创业市场案例——贝壳

消费市场上找鱼塘，是找准客群定位，创业市场上的找"鱼塘"就是找准行业定位。瞄准一个行业、变革一个行业、引领一个行业是最快的崛起之路。为瞄准的行业打造一个平台，你的企业就会拥有无限未来。

在新的商业世界里，你要么成为平台，要么为平台打工。道理谁都懂，但真正在自己行业做起来又是难上加难。怎么做呢？看别人的案例，找自己的出路。

下面分析一个在平台打造方面非常典型且值得借鉴的案例——贝壳。

链家、德祐、贝壳都是左晖创建的。论发展速度，从链家到贝壳，用了18 年；而从上线到上市，贝壳只用了 28 个月，市值高达 850 亿美元。论发展规模，贝壳在全国服务了 265 个同行，4.23 万家线下门店，456.6 万名房产经纪人。

为什么贝壳能够以如此快的速度取胜？

（1）流程再造

贝壳的商业模式创举来自国际顶级管理咨询公司 IBM 的建议，而 IBM 在流程再造方面相当有经验。

什么是流程再造？对于一个街边门店而言，获客—客户进店—销售员成交—后续维护，这叫一个业务流程，有的门店不是线下引流而是线上引流，那他在获客这个流程上就有创新。

对于一个公司而言，获取客户信息—联系客户—一次成交—二次成交—三次成交—客户维护—客户转介，这叫业务流程。优秀培训公司的厉害之处在于一次成交依然是一对一，但把二次成交改成了一对多的模式，这样一天就可以从成交一个客户到同时成交 100 个客户，一天就可能干出过去一个月的业绩，这叫流程的创新。

你要思考的是，你的企业现有业务流程是怎样的？在哪些地方需要优化？在哪些地方需要创新？在哪些地方需要标准化？

贝壳如何做流程再造？为什么贝壳可以发展得这么快？那是因为有了链家18年的经验积淀。链家解决了"什么是好公司"的问题，贝壳解决了"什么是好行业"的问题。

在链家初创时代，"黑中介"不是一句空话，"吃差价""假房源""一房二卖"在同行层出不穷，链家坚持"做难而正确的事情"，提出不吃差价、做真房源，虽经历人员流失、业绩下滑的阵痛，但最终成为房产经纪行业的第一名。

第一，链家有经验。

做成行业第一，靠的不仅仅是几句口号，还有完善的业务流程，比如去调研一下就会发现"小中介"的业务员们内斗、抢单非常多，但链家就很少。这不是人性的问题，而是业务流程的问题。

第二，行业有痛点。

行业内不仅业务员间抢单，小中介和小中介间还抢单，你有房源我有客户，我的客户想买你的房，但是你不想合作，这样的情况也甚是普遍，恶意竞争随处可见，最终行业乌烟瘴气，谁都难挣到大钱。

第三，贝壳应运而生。

贝壳通过ACN网络把房产交易分成了10个环节，每个环节的负责人都有具体的分成比例，这样就解决了行业合作的问题。如果你有一个房源，但是没有买家，现在上线到贝壳，只要其他中介有人带客户来买，那你依然能赚到该赚的那部分钱，这是资源共享的共赢。通过网络，有房子的不愁买家，想买房子的不愁没有房源，贝壳就成功转型为行业平台。

贝壳找房支撑新居住生态的基础设施："人店合一"数字化开放共创平台。如图4-11所示。

改变行业意味着链家必须把自己的经验、优势分享出去，自己推倒自己亲手建立的"长城"。从链家到贝壳，不是顺理成章，而是破茧重生。那么，你有没有准备好一次又一次地打破过去的自己呢？

（2）数智化支持

仅仅靠业务流程不足以让贝壳形成行业壁垒，也不足以让贝壳称霸行业。

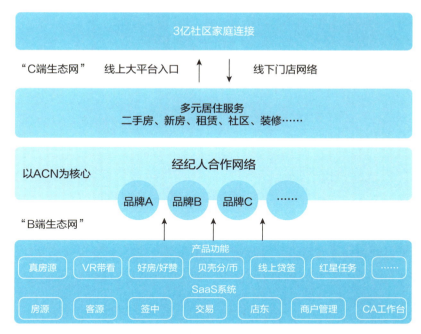

图 4-11 贝壳"人店合一"数字化开放共创平台

贝壳的强大在于它建立了行业线上的数智化平台。作为同行的小中介，贝壳的平台很全面，如果自己没有那么多的资金去建平台，自然就成为贝壳的"依附者"，这个盘子会越来越大，越大越有壁垒，越大越没有竞争对手。所以现在许多同行虽然在背后"骂"贝壳垄断，但反过头来还得去贝壳上找房源。

贝壳的数智化是如何建立的？

贝壳对每一个房源都赋予独一无二的在线身份，从早年的描述字段（位置、楼层、朝向）到房屋图片，再到视频、VR；楼盘字典数据存储量从 KB、GB，逐渐过渡到 TB（均为数据存储单位，1TB＝1024GB）。

在这些数据基础上，各类顶尖互联网人才被吸引到贝壳。房屋智能推荐、经纪人智能辅助、数字化居住等一系列新业务渐次展开。

贝壳平台驱动服务者效率提升机制，如图 4-12 所示。

在贝壳之前，线上房产平台并不少见；在贝壳之后，各类找房应用依旧繁多。为什么只有贝壳能收获从业者、用户的广泛认可？为什么只有在贝壳，

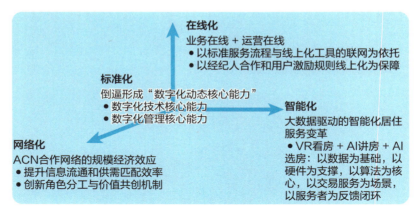

图 4-12　贝壳平台驱动服务者效率提升机制

才能有完全不同的购房体验？核心落脚点，正是贝壳立足数字化技术，深度改变房产经纪产业。在贝壳 B1112 愿景中，第一条就是"把这个行业重做一次"。

（3）多维度盈利

若是贝壳只限于卖房租房，那也就不可能有今天的千亿元市值，它瞄准的是整个行业生态。这个行业内所有人都是这个生态的参与者，也是这个生态的建设者。贝壳好，所有中介、经纪人会更好，一人不好也会影响整个生态。

贝壳是没有边界的公司，就像华为不只是一家手机公司、阿里不只是一家电商公司，贝壳也不只是一家房产经纪公司。

贝壳链接了 3 亿个社区的家庭，关于居住的一切都可以在贝壳实现，所以贝壳的口号从最初的"找房大平台"进化为"让居住更美好"。买房卖房、长租短租、家政服务、房屋装修、智能家居都可以是贝壳的业务范围，无限未来、无限想象（贝壳在 2021 年以 80 亿元 100% 收购圣都——一家全服务家居装修服务商）。

看完了贝壳的案例，你可以思考以下几个问题：

①你瞄准的是哪一个行业？

②你打算如何变革这个行业？

③你可以为这个行业做些什么事情？

④如何引领一个行业的创业者？

⑤怎样成为一个行业的平台？

第三节

搞裂变：从辛苦开拓到自动裂变

从辛苦开拓到自动裂变，通常被用于描述一种营销策略的转变。在这个过程中，企业或个人最初可能需要投入大量的时间和精力去开拓新的市场、吸引新的客户，这种方式往往比较辛苦且效率较低。然而，随着时间的推移，通过积累经验和优化策略，他们逐渐找到了一种更为高效的方式来实现业务的快速增长，这就是所谓的"自动裂变"。

1. 为什么要自动裂变？

搞裂变指的是由旧的存量客户裂变更多新的增量客户，是企业获取新增流量的一种方式。其他的引流方式可以不做，但搞裂变这个方式必须得做，主要原因如下。

（1）被迫为之

当今社会，同一品类，客户可选择的空间越来越多：比如 30 年前需要酱油时，只需要外出打一瓶回来就好，而现在去超市选酱油，客户最少面临了几十种品牌的选择。客户还是那个数量的客户，但是市场上的同一类型的品牌增加了。在竞争愈加激烈的年代若想获得客户，几乎 99% 的企业能选择的道路只有一条：增加获客成本。更多广告、更多渠道分润、更多团队提成……

有些企业被繁重的获客成本压得几乎没有存活空间，找到更低成本的获客方式就是企业应该思考的首要命题。什么方式获客成本低？客户转介绍。

客户身边必有客户，与其在茫茫人海中苦苦寻找，不如找准资源精准下手。之前的生意模式是把一个产品卖给 1000 个人，现在的生意模式是找到 1

个人卖他 1000 遍，再让他转介绍 100 个人，再卖每个人 1000 遍。

从卖方市场来看，"一手交钱，一手交货"是基本交易规则。也就是说，今天你花 100 元买衣服，付完钱拿走衣服，交易就结束了。

这是一次性买卖，有没有可能黏住这个客户，卖他十次、百次、千次？

这里有一个交易的逻辑，叫返还思维。也就是说，消费者购物之后，有没有一种方式能够把其消费返还回去？

比如，顾客在超市消费满 5000 元，超市拿出 30% 返还。还有一种超市消费券，满 150 元减 25 元，只要购物满 150 元，就直接免去 25 元。

如何设计这类模式呢？

版本 1.0，买 A 产品，送 B 产品，比如，花 1000 元买鞋子，商家再送你 1000 元的衣服，花 6000 元买保险，保险公司再送你 6000 元的轮胎，这叫买 A 送 B。

版本 2.0，就是上面说到的超市消费券。

版本 3.0，不仅能返还，你分享也能赚钱，通过转介绍。

版本 4.0，不仅能赚钱，还能增值，实现财富自由。你打造一个平台，让大家能够创业，实现自己的事业。另外，还可以升级，从产品升级为产业，再升级一个维度跨行业，锁定一群人，跟他们有关联的所有东西，你都用这一套返还的方式去做。总之，别人在你家消费过，你一定要有一个通道，让他能够通过帮你分享、传播、转介绍回本。

财务上有一个名词术语叫预收款，就是把一笔钱预先付给你，但是对方三个月以后才能收到货。提前三个月收钱，你的公司永远都有很好的现金流。

从企业经营的角度来说，就是你牺牲掉未来的利润，换来今天的现金流。

某顾客到你的饭店去消费，共消费了 498 元。结账时，服务生对顾客说："您今天消费 498 元，其中有 98 元是我们家的招牌菜——水煮鱼，98 元一份，但您可以花 200 元，一次性买四份水煮鱼。"

200 元买四份水煮鱼，相当于每份只要 50 元。你今天消费了 498 元，98 元本来是一份水煮鱼的价格，只要额外再加 100 元，就可以再拿三份，你可能会很开心。

对于店家来说，既把这个钱预收了，同时也把顾客牢牢锁定了。

过去预收款侧重于提前回本，但现在预收款更侧重于留住人，增加用户的沉没成本。通过预收，把各种各样的产品打包在一起，以更大的诱惑力卖出去，同时还能让别人帮你分享、传播、转介绍，这样你的流量就爆满了。

（2）主动出去

有的人被环境革命，有的人自己革自己的命。被环境逼迫走向客户转介绍之路和主动自己革命走上这条路的人，对"客户转介绍"这件事情理解的深度是截然不同的。第一种只是为了降低成本，第二种是站在整个市场竞争角度去看待这件事情。

当你的企业比竞争对手的获客成本更低时，多出来的利润就可以用来加固你的竞争壁垒。比如你这个行业的获客成本是 1000 元每个顾客，你通过客户裂变的设计把获客成本降低到了 100 元，这时候多出来的 900 元既可以选择让利给客户，也可以选择提高你的产品质量，还可以选择激励你的团队。

更低的市场价格、更高的产品质量、更优质的人才队伍，这些都会在无形中加大市场竞争对手与你竞争的难度，随着你不停地修壁垒，你的市场地位也会越来越牢固。

2. 自动裂变的最佳方式

在找"鱼塘"时，你可能会遇到比较难找的情况。那么，企业最近的"鱼塘"在哪里？就是你的客户。他在使用你的产品，他有最直观的使用体验。物以类聚、人以群分，一个人身边大多数是和他拥有一样社会属性的人。你只要找到一个人，让他成为你企业产品的代言人，或者借助你企业的产品把他变成社交圈中的意见领袖，你就会拥有一个又一个非常优质的"鱼塘"。

（1）关键意见领袖是什么

关键意见领袖（Key Opinion Leader，简称 KOL）指的是在各自领域具有专业的产品知识和较大影响力及话语权的个人或组织。该群体没有绝对限定的范围，大到一个行业、一个亚文化圈，小到一个兴趣小组。

在营销活动中，为市场主体宣传的权威和专家也被称为"关键意见领袖"，通常被定义为：能够被相关群体广泛接纳并博得信任，并可以对该群体的购买行为产生较大影响力的人。他们通常拥有更准确、更丰富的产品信息，被相关利益群体广泛接受，基于这些能够对消费者的购买行为产生引导。他们表现出比常人更加活跃的言论状态，比普通用户更积极地生产和传播信息，也因此对粉丝中的消费群体做出购买决策时的信息整理和扩散起着重要作用。

通常，关键意见领袖是行业或领域内拥有话语权的权威人士、活跃度高的明星以及网络大 V 等。关键意见领袖一般具有以下特征，如图 4-13 所示。

特征1：专业性高

特征2：粉丝众多且影响力大

特征3：社交互动性强

特征4：观念开放，个人风格鲜明

图 4-13　关键意见领袖的特征

第一，专业性高。社交网络中，关键意见领袖并非依赖自身活跃度，而是会因其高专业性和权威性被识别，在信息传播中发挥重要影响力。关键意见领袖一般深耕于某一垂直领域，对该领域内专业知识掌握较多，因此，其发布的与其所处领域相关的信息被用户认为专业性较高，能够对其他用户产生较深影响。

第二，粉丝众多且影响力大。关键意见领袖是其所在社交网络圈中被关注较多的中心人物，粉丝较多，且粉丝认为其发布的信息会更真实更可靠。关键意见领袖处于社交圈中心位置，发布的信息影响力大，在其社交圈中响应用户较多，受到大量用户信任。这种影响力体现在对群体内用户行为及认知方面的影响。

第三，社交互动性强。用户在社交网络中通过与其他用户交流互动获取信息，关键意见领袖由于处于社交圈中心，与其他用户交流互动频繁，通过互动帮助用户解决关注问题。同时，关键意见领袖在与用户针对某一问题或信息进行社交互动中，能够持续发挥其作用和影响力，对其粉丝产生影响。

第四，观念开放，个人风格鲜明。关键意见领袖通常愿意尝试新鲜事物，对新事物接受力较强。其因观念开放，一般为某一新事物的创新采纳者，并通过表达分享新事物的接触体验影响大众对新事物的接受度，同时能够收获粉丝关注。此外，关键意见领袖因其鲜明的个人风格展现的人格魅力也同样吸引大量用户关注，这种较强的人格魅力进一步加深用户对其依赖度。

（2）粉丝经济：如何聚焦你的精准客户

我们都听说过粉丝经济，很多直播网红带货赚钱能力惊人，罗永浩靠直播带货还清外债，很多明星也通过直播带货变现，可谓"得粉丝者得天下"。

根据市场营销的"二八法则"——20%的顾客创造80%的业绩，各行各业，不管是美容院，还是服装店，都要集中精力瞄准最具备消费能力的20%的客户，让他们成为你的"粉丝"。

例如，美容院会把顾客进行分类——A、B、C、D类，如图4-14所示。

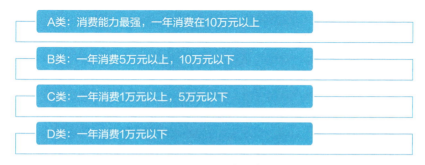

图4-14　顾客分类

美容院应该集中精力放在 A、B 类顾客身上，这样投入的时间精力才能产生最大的回报，才更符合"二八法则"。

但是，如今是互联网时代，线下实体店流量枯竭，今天的顾客已经从线下转化到线上，粉丝才是第一生产力。

相对应的，粉丝也分为 A、B、C、D 四类。A 类顾客叫"钻石粉"，B 类顾客叫"铁丝粉"，C 类顾客叫"粉丝"，D 类顾客叫"萝卜丝"，如图 4-15所示。

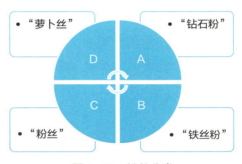

图 4-15　粉丝分类

"钻石粉"是什么？"我不在意你在我家消费了多少钱，我在意的是你帮我转介绍了多少人。"比如你卖的衣服很好，"钻石粉"不光自己消费，还会推荐 100 个人来你家买衣服。

"铁丝粉"是什么？如果说帮你推荐 100 个人的叫"钻石粉"，那么帮你推荐 10 个人的就叫"铁丝粉"。

"粉丝"是什么呢？就是没推荐 100 个人，也没推荐 10 个人，但是他愿意帮你分享、传播、转介绍，只要有机会，比如吃饭、聊天时就跟朋友介绍。

什么是"萝卜丝"？就是他没给你推荐人，也没给你分享，你和他关系很脆弱，纯粹就是一手交钱一手交货，交易而已。

今天经营企业，应该遵循"二八法则"，亲近"钻石粉"和"铁丝粉"。因为现在流量枯竭，必须懂得底层结构。

什么叫底层结构？今天这个时代不要以钱为中心，要以人为中心。以前瞄准最具备消费能力的人，今天要瞄准那些愿意帮你分享、帮你转介绍的人。以前做生意追求知名度，靠广告让别人知道你，慢慢有了知名度，再形成美誉度，最后形成忠诚度；而今天的逻辑不同，先经营忠诚度，经营"钻石粉"，有一帮人愿意帮你说话，传出去以后变成美誉度，美誉度再传出去，成为知名度。这个逻辑是从忠诚度到美誉度，再到知名度。

3. 搞裂变的商业案例

案例1：消费市场案例——Lululemon

这家企业靠着做瑜伽裤起家，硬是把自己的市值在运动服饰领域做到了全球第二，仅次于耐克，领先阿迪达斯 100 多亿美元，这家公司就是 Lululemon。Lululemon 的营销方式就是打造资深专家形象，然后通过在客户群体中发掘"形象大使"来实现客户的影响和裂变。

Lululemon 从 1998 年创立品牌，到 2020 年就突破 400 亿美元市值大关。达到这个高度，阿迪达斯花了 68 年，耐克花了 46 年，安踏花了 29 年，而 Lululemon 只花了 22 年。

Lululemon 的崛起之路值得我们诸多中小民营企业借鉴，因为它不是上来就铺了一个多么大的盘子，它的策略是切分一个很小的市场：女士瑜伽服。就靠着这么一个小小的品类起家，市值竟然可以领先绝大多数做全品类运动服装的企业，堪称奇迹。

我们从三个方面来分析为什么 Lululemon 可以如此厉害。

(1) 产品的革命

很多老板想拓展更多客户时想到的都是低价、打折，让客户感觉产品足够便宜，但很少有老板思考客户真正需要的产品到底是什么。自己的产品是否能满足客户的真实需求？若是公司能提供极致的产品，客户是否愿意付出极致的价格？

Lululemon 刚刚打入市场的时候单个产品的定价就比耐克等竞争对手高出 50% 以上，而且从来不打折，别人降价，它就提价。为什么这样的策略，还能业绩暴增、经久不衰？它没有像爱马仕、LV 那样有可讲述的悠久奢侈品历史，但它生来就带有奢侈品的基因。

它的产品非常好，好到什么程度？秒杀市场上的所有竞争对手。经常练瑜伽的女性应该有感受，去耐克、阿迪达斯买的瑜伽裤总是硬硬的，练瑜伽的时候衣服非但不是助力反而是束缚。

Lululemon 为了解决这一问题，将自己定位为科技公司，研发了 9 种以上的面料。拉伸性好而不透、吸汗而不发臭。哪位女性在美美地锻炼时，不想拥有这样的一件衣服呢？关键是它不仅面料好，还通过各种技术解决了瑜伽裤的鼓包、掉裆、变形等各种各样的问题。

穿过 Lululemon 瑜伽裤的多数消费者都会表示以后再也不去买其他品牌的瑜伽裤了，这就是产品的胜利。

我们在这个时代谈消费者需求升级，其实各个行业的消费者都会享受那种被品牌宠爱的感觉，关键是你的企业能不能做到极度专注于产品力，用你的产品去征服客户。多数时候，不是客户手里没钱、不是市场没有需求，而是企业的产品并不能满足客户。

（2）"狂热"的企业文化

为什么 Lululemon 的市值可以领先阿迪达斯？因为它不仅仅销量在不断攀升，而且单个产品的利润远远高于同行。

在利润上远远领先同行的企业普遍有一个特点：看似在售卖产品，实则在兜售精神。更简单的解释是这类企业会把企业文化和产品打包在一起销售，甚至有时候消费者为了追随这种文化，会放弃对产品的判断力。比如，我们经常看到即使某奢侈品大牌出"草帽""草鞋""垃圾袋"等产品，竟然还有人不断追捧。

企业文化对外看起来比较虚，实在点讲，就是你代表了什么类型的客户？你在向客户传递什么精神？你赞扬什么、反对什么？

我们看 Lululemon 在对外宣传上是怎么做的。

①精准客户画像

Lululemon 锁定的是年入 8 万美元以上，24 ~ 36 岁，每天有 1.5 小时以上锻炼时间的独立女性。

大家不要小看这个客户画像，它做得是很精准的：比如为什么是 24 ~ 36

岁？24 岁以下的为什么不考虑？因为更年轻的女性新陈代谢足够快，她们不需要锻炼就可以保持良好身材，但 24 岁以后就一定要靠锻炼才能保持身材了。

② "狂热" 的创始人

看完 Lululemon 创始人的创业路，会发现原来企业从一开始就可以有这么大的愿景。在周日上午的健身课上，人们因共同的健康愿景而聚集在一起，彼此交流思想。

Lululemon 的理念是：慢慢地，我们让更多人走上楼梯，进入我们的世界。

Lululemon 的胜利是文化传播的胜利。它在 2019 年公布了自己企业接下来的规划：聚焦北美 830 亿美元的运动休闲市场；瞄准全球 1150 亿美元的运动休闲市场；看向全球 6300 亿美元的运动休闲相关市场；最终展望全球 3 万亿美元的大健康市场。

③营销的创举

Lululemon 的营销方式很特别，若是用数据来衡量的话，那就是用了 2% 的营销费用就拿下了 400 多亿美元的业绩。

它的营销方式尤其值得我们中小民营企业借鉴，其营销方式跟耐克、阿迪达斯完全不同，它不是铺天盖地地打广告、请各种明星代言、办各种巨大的活动、花大价钱赞助全球的赛事等。它的方式很省钱，但效果很好，它采用的方式是人推荐人。在 Lululemon 内部，这被称为垂直零售。

具体操作如下。

第一，它有自己的门店。所有的门店都是直营店，没有加盟商、没有渠道商、没有经销商，它希望产品可以直达客户，中间没有人分利，这样客户就可以更好地、单纯地为 Lululemon 的技术买单。

门店里有产品教育专家，就是门店的员工，员工要负责到店的客户以及外出活动的组织。

第二，它依靠品牌大使。Lululemon 会将瑜伽教练、健身教练、健身达人等发展成为它的品牌大使，我们可以理解为 KOL 群体，通过 KOL 群体日常穿 Lululemon 的衣服或者带着大家参与活动，来更多地宣传 Lululemon，如图 4-16 所示。

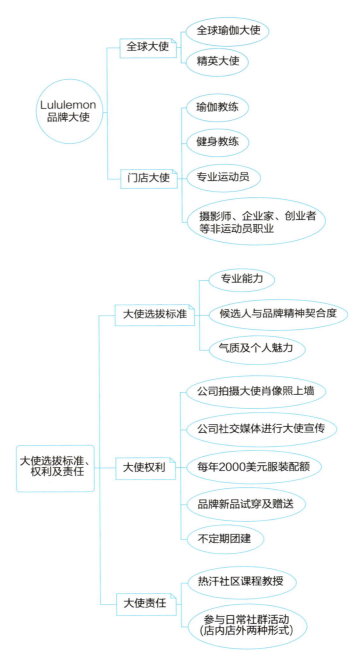

图 4-16　品牌大使如何宣传

第三，它广泛地搞活动。没有市场部、很少做广告，有了门店、产品教育家、品牌大使，每家店再依靠品牌大使、产品教育家向周边瑜伽场馆、运动健身场所进行宣传。他们依靠的主要是 Community 活动。但是其社区活动预算有限，平均一场活动大概只有 3000 美元的预算，一家门店一个季度的活动预算只有 2 万~3 万美元。

Lululemon 把门店周边的运动健身圈层全部打通后，就会自发形成一种"巫师效应"，文化的影响+KOL 的带领+足够好的产品，就有了客户的不断裂变。

狐狸千伎百俩而有尽，刺猬凭一技之长而无穷（The fox knows many things，but the hedgehog knows one big thing）。古今中外的狐狸都是诡计多端的形象，手段多元。而刺猬遇到危险只有收缩身子，伸出长刺这一招本领，Lululemon 采用的就是刺猬策略。

分析完 Lululemon 的案例，我们会看到小众品牌也有自己的春天，小众品牌好好发展也可以登顶世界之巅，中国的当下可能很难再出现像宝洁、联合利华那样的"大公司"，但中国的市场未来可以诞生无数个"Lululemon"，从"小而美"到"称霸全球"。

看完 Lululemon 的案例，你可以思考以下几个问题：

①你的企业现有客户的体量有多大？

②怎样在客户群体中寻找你企业产品的代言人？

③采用怎样的营销方式才能实现企业客户的裂变？

④在企业客户裂变过程中你需要准备哪些素材？

第五章
高效成交
一对多营销，打造营销"铁军"

从一对多营销的策略，到打造一支营销"铁军"，是企业实现高效成交的重要路径。在这个过程中，企业需要不断学习和实践，优化和改进营销策略和团队建设，以适应不断变化的市场环境和客户需求。只有这样，才能在激烈的市场竞争中脱颖而出，实现高效成交和可持续发展。

第一节

高效成交：如何提高转化率

做商业最悲哀的事情不是没有流量，而是流量来了你接不住！也不是所有人都能接得住流量，流量来了，属不属于你、能不能留得下才是关键。

你可以算一下你公司进来流量后的转化率，若是在现有流量不变的情况下，你只需要将你公司的转化率翻一番，你公司的业绩就能翻一番。

如何提高转化率？

转化率=转化方式×执行力。

转化方式和执行力背后的驱动因素有三个：规则、迭代、复制。

1. 优秀是设计出来的

创业者的最高境界就是建章立制，成为游戏规则的制定者。

《道德经》中讲人法地、地法天、天法道、道法自然，人遵循万物生长作息的规律、万物生长遵循天象变化的规律、天象变化遵循宇宙"大道"的规律、宇宙"大道"遵循世间万物本来的样子。道的本身是虚无、无名、无状的，是人们无法触摸到的；道的作用却是能生万物、生生不息的，是人们能观察到的。

各种各样的规则就是人们能观察到的"道"的表现之一，当你能够发现规则、遵循规则、制定规则的时候，你也就在真正的"得道之路"上了。所以只要你设计了一套完整的运行机制，围绕着机制你的组织就会自动运行，像自然界中的万物一样自动生长。你就不再是公司的"救火队员"，而是打造了一个自动博弈的生态，也就实现了老子所讲的"无为而治"了。

好的规则就像一个可以自动运转的机器，业务流程规则的设计决定了转化方式的好坏，团队晋升、薪酬、激励等规则的设计决定了执行力的强弱。不同的规则造就不同的生态，不同的生态演绎不同的故事。

一个优秀的管理者，不会让人感觉是在管人，他会让人明白，他是在制定规则。

企业高效成交的过程就是规则设计和变革的过程，在这个过程中，只要规则设计得好，团队的成交就能自动自发，企业的业绩就能不断上升。

2. 优秀是迭代出来的

商场的环境瞬息万变，再完美的规划、再好的想法落到实际中去总会遇到各种各样的问题。教育是给人以启示、培训是把流程讲述出来、咨询是针对性地输出方案、陪跑是在实战过程中打出真知。为什么市场上教育、培训、咨询公司会被定义为所谓的"割韭菜"？不是这些启示、方法无用，而是所有的一切都得落到实践中去，而从理论到实践中间隔着一条鸿沟，这条鸿沟需要实践者自己填上，就算他人在旁边陪跑，但最关键的是选手自己得卖力。

将学到的理论、方法，设计出来的规则、流程在实践中进行应用，每次实践后及时、快速、高效复盘，经过一次次复盘，真正优秀的队伍就诞生了。

就像硅谷最流行的《精益创业》，它的核心思想就是在市场上投入一个极简的原型产品，然后通过不断学习和有价值的用户反馈，对产品进行快速迭代优化，以适应市场。

3. 成果是复制出来的

大千世界、芸芸众生，看起来纷繁复杂，但几乎所有生物体的基本单位都一样：细胞。正是无数个细胞组成了地球上一个又一个鲜活的生命体。作为生物体背后的基本单位，细胞最根本的工作逻辑是什么？两个字：复制。细胞分裂的过程就是一个自我复制的过程，再复杂的生命都是细胞复制出来的。

人体中含有 40 万亿~60 万亿个细胞，如果我们把人体看作企业、把细胞看作企业中的每一个个体，那么世界上就没有比人体更复杂的公司。从这个角度看企业，我们就能得出结论，若是在企业里面可以实现细胞一样的复制，企业的生命力就会自然而然地生长起来。

实际上真正成功的企业都深谙复制之道，师傅带徒弟是对个人的复制、一个一个的营销小组是对最小营销单元的复制、不停发展的分公司是对一个组织的复制、招商加盟是对一个公司的复制……

打造好最小单元模型，在实践中不停迭代优化，打造出 80 分满意的单元模型后就开始全市场复制，这就是公司的成功之道。

高效成交的背后就是设计规则、迭代模型然后无限复制。

第二节

批量成交：从"点对点搏击"到"批量式扫射"

"批量式扫射"就是把线上一对一引流的方式变成一对多引流和成交，线上公域直播、线上社群、线上公众号文章、线上朋友圈文案等都是一对多的体现。

1. 为什么要"批量式扫射"

你有多少粉丝，就有多少线上流量；你有多少铁杆粉丝，就有多少核心流量。知名的科技观察家、未来学者凯文·凯利认为，一家公司只要有一千个核心粉丝，就足以做成大事业。线上流量最容易获取，只要我们在主流的平台上做好内容，投一点广告，总能吸引用户过来。但是线上流量要留存下来，却是个大问题。

很多人想把公域粉丝吸引到私域中，这些私域流量存放在哪里呢？以前的私域是加到客户关系软件里，但那个软件是死的，无法互动。那么，现在私域加到哪里了？

有两个地方，一是加到我们的个人微信里；二是加到企业微信里。加进来以后，要经常和他们互动，不要频繁发广告，要抛出好玩的信息，给出优惠券，让关系保持下去。不互动也无所谓，只要用户不退群、不删除就可以，他们会用你的优惠券来消费。餐饮巨头肯德基、麦当劳已经先知先觉地做私域流量了，把空间流量截流到自己的私域中。

为什么要"批量式扫射"？

因为有流量才有品牌，品牌打响时，也会吸引流量。品牌有大小，流量也有大小，大家各取所需。大品牌要维护现有的流量，不被新生代品牌抢走流量；中品牌要抢到流量红利，快速做大；小品牌要抢到自己的独特的流量，在夹缝中闯出一片天地。

打开抖音卖货的直播间，主播带货是不是这样的情况：卖低价产品的喊着"家人们，这个纸巾29元钱，给你24包，再给你12包，怎么样？还给你5包湿纸巾，快来抢，我已经把价格给家人们打下来了"。这些主播称呼粉丝为"家人"，就是在打感情牌，哪怕是按剧本卖惨，和助理吵架，还是真的像家人。

如果产品价格稍微高一些，像卖吹风机、脱毛仪、美容仪等，主播会站在朋友的角度给你介绍，不会在价格上纠缠。而且这类产品只要没有真正需求，人们一般不会下单，这不是让人囤货的产品。

比较高端、价格比较高的产品，主播带货时是平淡严肃的口吻。比如在华为直播间、小米直播间、SONY直播间，他们讲起产品不叫不喊，说得不咸不淡，就像上下级关系，讲完一款产品，告诉大家在一号链接，接着便开始介绍下一款，价格也没什么优惠。

什么品牌抢什么流量，什么人群抢什么入口。找对入口，所有的努力都不会白费，都会转化成流量。找错入口，你的努力就会化为泡影。比如一栋住宅1000万元起，那么这栋住宅的广告，肯定是配套的品牌。如果产品不配套，广告费就白花了。

当下，越来越多的人开始关注抖音电商，入驻抖音电商，人们从观望到进场只用了不到两年的时间。两年前，人们纷纷入驻拼多多，往前推几年，入驻京东、天猫。往前推十几年，那时候是易趣、贝塔斯曼的天下。很多年轻人不知道，其实在中国，电商就是从易趣和贝塔斯曼开始的，这些电商公司都是用了10年的时间铺垫。但是，抖音电商用了几年？2年时间。

抖音电商与传统电商不同，它有自己的商业逻辑。抖音先有视频后有直播，有了直播才开始直播带货，直播带货以后开始挂电商链接，挂天猫的比较多，经常送天猫优惠券。现在不用跳转链接了，买产品时一步到位，直接在抖音电商购买。

其他平台都是人找货，在平台上把海量的货品摆出来，用户哪怕要买一个鼠标、几卷纸巾，也要先在平台上搜索，然后出现好几个页面的商品，要在上面看好久，最后点开一个店铺，问掌柜能不能包邮。

在抖音上是货找人。你是卖货的，你可以录制一些关于货品的视频，上传到抖音。你有可能通过你的视频吸引 10 万粉丝，在这个基础上就能变现了。变现的钱，足以养活你拍视频的小团队。如果你拍视频没有流量，也没有 10 万粉丝，那么可以做直播，在直播间同样可以吸引流量、吸引粉丝，同样可以变现。你的直播间做得专业，人们刷到就会停留，然后点开小黄车图标下单。因为产品本身相差不大，价格相差不多，人们在平台上的关注点已经从货变成了人。

粉丝来选择商品，是因为信任主播这个人，所以购买了他的商品。那么，谁会刷到你的直播间呢？你肯定不知道，但是抖音算法知道。抖音有推荐算法，能找到对纸巾有需求的人群，同样也可以找到你的几十个需求，然后推荐视频给你。

如果你每天刷 15 分钟，抖音 2 个月就知道你的喜好。如果你是重度玩家，一天刷 2 个小时，用不了一个星期，抖音就知道你喜欢什么了。根据你看视频的操作，是看完还是一滑就走，是点赞还是点了不感兴趣，是点了收藏还是转发，从这些操作基本可以判断你是否对该视频有兴趣。

还有更深层次的算法，比如定期给你推荐一些完全没看过的视频，像滑雪、探店、美食、国学文化等，这些平日不会去主动搜索的内容，因为脑中没有这个意识，但是看过以后，发现其实自己也挺喜欢看的。抖音会推荐这些，这样不断挖掘你潜在的喜好。

如果没有新内容推荐，用户很快就会玩腻。很多平台已经"尘封"了，不就是因为没有新鲜的内容吗？所以，流量这个东西谁都说不准，总会在固有的认知中加入各种新鲜的东西。

2. 批量式扫射的好处

批量式扫射有以下几个优点，如图 5-1 所示。

图 5-1　批量式扫射的优点

（1）树立专家形象

无论公域直播、线上社群，还是线上文章、线上朋友圈，都不是求着别人购买，而是吸引别人来购买。确切地讲是别人来成交你，而不用你去成交别人，这样在流程上就能将主动权把握在自己手里。成交不再是一个想逃避的环节，而是一个乐在其中的过程。

（2）提高成交效率

如果你的销售是一对一看客户的朋友圈，了解他们的喜好、收入水平，挨个去跟他们聊天，找到痛点，然后不断打消他们的疑虑，最后让他们购买。这个过程一是时间会很长；二是效率不高，可能要花 1~2 年的时间才能搞定一个客户，除非你搞定一个客户就能赚上千万元，不然这种方式是真的不划算，这就是在用体力来掩饰脑力上的懒惰。

（3）快速团队复制

作为老板，不仅仅应该想现在的业绩，更重要的是要思考未来如何裂变复制。若你的企业的销售员都是自己单兵作战，他的经验全靠他自己多年的累积，复制出来一个销售员需要一年的时间。最后的结果是要么销售员倚老卖老、要么你的企业业绩很难快速提升，你会亲手把自己的企业送上绝路。

第三节

批发式成交：从 "一对一" 到 "一对多"

批发式成交就是把线下一对一的成交方式变成一对多的成交方式，新东方的大学巡讲、各大品牌的发布会、各个项目的招商说明会、安利的家宴形式等都是把一对一变成了一对多。把企业的营销方式变成一对多。

1. 为什么要批发式成交

批发式成交是指通过一系列的策略和步骤，实现大量产品或服务的销售，而不仅仅是一对一的单独交易。从一对一谈单到批发式成交的转变需要深入了解市场需求、制定合适的销售策略、建立广泛的销售网络、提供吸引人的优惠和支持、提高产品或服务质量、建立信任关系以及持续优化销售流程。这些步骤将有助于实现大规模的销售并提高业务效率。

比如，有人卖 4 万元/台的商品，在深圳一天可以拜访 5 个客户，即使他很努力、很勤奋，一年工作 300 天，共拜访 1500 人。保守一点 10% 的成交率，可以成交 150 人，总计 600 万元的业绩。

假如毛利润为 20%，大概有多少毛利润进入他的口袋？20%×600＝120 万元，如何提升收入？提高到一天见 8 个客户，顶多 10 个客户。毕竟人的时间、精力有限，每天见到客户的数量也是有限的。

最佳的方法，只能靠一对多的模式。一对多面对客户，才能节省大量的时间。

批发永远比零售赚得更多。从今天开始，可以一对多，不要一对一；可以批发，不要零售。

TED 讲师洪豪泽曾分享过这样一个故事。他从 12 岁开始，在台北的新庄夜市摆地摊两三年。很多人都有摆地摊的经历，摆地摊能发财吗？能变成巨富吗？当然不能，洪豪泽欠了很多钱。

当他凌晨批货，晚上到夜市摆地摊去卖，批发50元，赚30元，再贴更多钱去批发，感觉好像有钱赚，但是身上却没有钱。有一天他去批货要找老板，看到店家门口贴了一张告示，说店家的位置变了。根据指示，他找到了老板的新地址，发现店面变大了，把一整栋楼都买下来了，共有三层。他找老板批货几年，老板买了新房子，而他负债。

他终于清醒地认识到，做批发永远比零售赚钱，一对多永远比一对一赚得更多。

一对多是一种营销手段。如果你一对一销售，且100%成功，那么你一次只能影响一个人。如果你学会了一对多销售，以一次100人为例，成功率为50%，那么你一次就可以影响50个人。这是一对一销售的50倍。

当年小米就是先从手机论坛上找到了1000个人，然后把他们拉到小米的论坛里，最终选出100个人，让他们把自己的三星或者摩托罗拉等任意品牌手机的操作系统刷成小米的MIUI操作系统来体验。而这100个人就是小米的第一批天使用户，这100个人也成为小米社群的起点，通过早期的用户积累，小米一步步走到今天。

通过这样的比较，你觉得哪种方式能让成功来得更快些呢？显然是一对多的销售。这种一对多销售模式，是你出人头地的捷径，可以让你更早地实现成功。

某销售人员正在推销一件不知名的新式扫把。他在推介自己的产品的同时，在地上放置了很多不同类型的杂物，有纸屑、铁钉、碎玻璃等。他邀请了几位台下的观众上台体验试用。

一经试用，很多在场的顾客都对这个不知名的、外形设计一般的扫把的清洁能力大吃一惊。这扫把的清洁效果如此之好，价格还很便宜，于是纷纷购买。

厂家活动现场的备货大卖，并且凭借着用户的宣传一举打开了当地的市场。就这样，一个展示的舞台，一地的废纸屑、铁钉，帮那位销售人员赚到了10万元，这大大超出了销售人员自己的预期。

此后，他每到一座城市，每在一个经销点举办销售会，都会如法炮制，并能奏效。

罗辑思维创始人罗振宇在一次访谈中透露，他成功的秘诀是掌握了文案和演讲能力。的确，他不管是带货、带课，还是带书，都是在卖、卖、卖。销售的模式有两种，一种是零售式地卖，就是一对一地成交，一次只能面向一个人，那么收入始终是有限的。另一种是批发式地卖，就像罗振宇一样，一个视频发出去面向的是成千上万的人。一个作品，终身售卖，这样收入才不会有天花板。

2. 批发式成交的好处：积攒企业势能、吸引优秀人才、稳定公司队伍

批发式成交在积攒企业势能、吸引优秀人才、稳定公司队伍方面具有多重好处。

（1）积攒企业势能

以当年做留学培训的新东方为例，若是所有的获客成交方式都是新东方的老师一对一面谈，那么新东方不可能具备全国的影响力。新东方当年之所以能做起来就是俞敏洪、徐小平、王强等老师在全国高校不停地巡讲，从一对一两个小时只能影响一个人，到一对多两个小时能影响几千人，新东方的势能自然而然地就起来了。知道的人多了，品牌认知度和品牌影响力上去了，成交就是自然而然的事情了。

（2）吸引优秀人才

如果你想让公司的业绩好，首先要问自己一个问题：你的公司销售员年收入最高是多少？当然这个最高年收入不是指固定工资，而是指加上销售提成、分红等的年度总收入。若是你公司销售队伍中收入最高的人也不过一年十几万元，无论你在中国的哪个城市，那你的公司一定没有竞争全国市场的实力，因为你的人才队伍跟不上。

真正厉害的人，他的能力和他的收入一定是画等号的，若是你给不了优秀人才一个高收入的机会，那么你的企业就不可能汇聚顶级的人才。如何提升销售员的收入呢？或者更确切地说，该如何让每个销售员给公司带来更多的业绩和产出呢？

答案只有一个：从一对一变成一对多，只有这样成交效率才能提升。

一个人一天只有 24 小时，就算把他忙死，一天也就只能见 3~4 个客户，在北上广深这样加上交通时间的大城市，一天见 1~2 个客户就已经是极致了。但若是你的销售员能一天同时成交几十位客户呢？他的业绩自然而然就高了。销售员的个人收入高了，就代表公司的业绩也上升了。

（3）稳定公司队伍

作为公司创始人你会不会纠结一个问题：不全心全意地培养人，担心他创造不了更多的业绩；全心全意地培养人，又担心万一资源都到他手上了他会带着资源另起炉灶。最终的结果就是老板自己成为最大的业务员，所有的高端资源都紧紧地握在自己手里，业务员不能做大做强，老板自己深陷琐事之中没有时间思考企业的战略和未来，方向不对、执行力欠佳，企业就这样陷入了一个又一个的恶性循环。

而一对多有一个好处，那就是将业务流程细分，前面有人获客、后面有人服务。市场部、讲师部、客服部，3 个部门接触一个客户，其中任何一个环节想把客户单独带走都难上加难，关键是任何一个环节的人都可以在这个环节做到极致。把工业化、流程化的思维运用在公司营销流程上，你的队伍自然而然就稳固了。

总之，通过实现规模经济、加速资金回流和提升市场影响力，企业可以积攒更多的势能，为未来的发展奠定基础。同时，批发成交也有助于吸引更多优秀人才加入企业，提升员工的福利待遇和职业发展机会，从而稳定队伍并激发员工的工作积极性。

第四节
打造"铁军"：从团队"放养"到"铁军"打造

所谓"铁军"指的就是真正能赚钱、多赚钱的销售队伍。"铁军"队伍要符合两大特点：一是能赚钱；二是能快速复制。

1. 为什么要打造"铁军"

从团队放养到"铁军"打造，这个表述形象地描绘了一个团队从松散、自由放任的状态转变为高度纪律化、团结一致的强大战斗力的过程。这一过程对于任何组织的成功都至关重要，特别是在快速变化和充满挑战的商业环境中。

（1）从团队"放养"到"铁军"打造

从团队"放养"到"铁军"打造的一些关键步骤，如图5-2所示。

图5-2　从团队放养到"铁军"打造

①明确共同目标

一个团队要成为"铁军"，首先需要有清晰、具体且共同认可的目标。这个目标应该是团队成员共同努力的方向，能够激发每个人的积极性和归属感。

比如，"阿里十八罗汉""腾讯五虎""复星六君子""小米八大金刚""新东方三驾马车""百度七剑客"，这些都是命运合伙人。这些公司一开始和开门店一样，都是一个小办公室，几个人一起把事业做大，做到上市集团，然后就有了这些江湖味道的绰号。

②制定严明的纪律

"铁军"之所以强大，是因为它拥有严明的纪律。团队需要制定明确的规章制度和行为准则，并确保每个成员都遵守这些规定。纪律不仅是约束，也是保障团队高效运作的基础。

③强化团队培训

不断提升团队成员的技能和知识水平是打造"铁军"的关键。通过定期的培训、分享会和实践经验交流，团队可以保持竞争力并适应不断变化的市场需求。

④培养团队精神

团队精神是"铁军"的核心。团队成员需要相互信任、支持与合作，共同面对挑战和克服困难。通过团队建设活动和日常工作的互动，可以培养这种精神。

⑤设立激励机制

合理的激励机制能够激发团队成员的积极性和创造力。这包括物质奖励（如奖金、晋升机会）和非物质奖励（如荣誉、认可）。当团队成员看到自己的努力得到认可时，他们会更愿意为团队贡献自己的力量。

⑥持续反馈与调整

打造"铁军"是一个持续的过程。团队需要定期评估自身的表现，收集内部和外部的反馈，并根据这些信息进行必要的调整和改进。这种持续改进的文化有助于团队保持敏锐的洞察力和适应性。

⑦领导力的作用

一个强大的领导者对于打造"铁军"至关重要。领导者需要具备战略眼光、决策能力和激励团队的能力。他们应该以身作则，成为团队成员学习的榜样。

一支"铁军"之所以有战斗力，我认为方向合至关重要，方向合则心合。我们常常把企业比作一艘船。为什么要把企业比喻成船？其实比作高铁也可以，比作飞机也行。原理是一样的，只要上了高铁，不到站是不会下车的。只要上了飞机，不到终点是不能下飞机的。

所以很多人会调侃："我上了贼船。"为什么不说"我进了贼窝？"因为将合伙比作"上船"，很有意境。比作"贼窝"，没有意境。

例如，小米团队是小米成功的核心原因。雷军为了挖到聪明人不惜一切代价，但他更关注对方踏实工作的态度。真正留在小米的人，都是踏踏实实来做事的。来到小米的人，要有热情，而且聪明、技术一流、战斗力强，这样的员工，才能做出一流的产品。

小米的组织架构非常简单，就是"创始人—团队领导—员工"。创始人一开始有7个，后来加入了多看的CFO王川，一共8个人。

创业团队中，雷军是董事长兼CEO，林斌是总裁，黎万强负责小米的营销，周光平负责小米的硬件，刘德负责小米手机的工业设计和供应链，洪锋负责MIUI，黄江吉负责米聊，王川负责多看和小米盒子。

公司之中也只有他们8个人有职位，剩下的都是工程师。小米大本营的办公布局很清晰地把小米的业务区分了开来，一层产品、一层营销、一层硬件、一层电商，每层都有一名创始人坐镇，大家各司其职，互不干涉。

负责MIUI的洪锋很欣赏小米的这种格局，他认为："这个公司业务的雄心和容量大，所以说它足够容下这么多有能力的人，大家都希望我们的创业伙伴能够在各自分管的领域给力，一起把这件事情做好。"

小米从8个人到16个人，从16个人到400个人，管理的标准却从来没有变过。扁平化的管理模式，加上团队中上下一心，每一个人都是全力以赴为了做好产品而努力，才成就了小米的飞速发展。

对于成功企业来说，什么都可以缺，人才不能缺；什么都可以少，人才不能少；什么都可以不争，人才不能不争。企业最宝贵的财富首先是人才，其次是产品技术，最后是客户资源。

人才是企业最重要的资本，谁拥有最多最优秀的人才，谁就拥有最大的资本。美国麦肯锡公司曾把现代世界各国对各类专门人才的争夺称为"人才大战"，高层次人才成为最稀缺的资源，最大化地占有人才、用好人才是企业不断取得胜利的关键。

通过以上步骤和要素的持续实施和改进，一个原本松散的团队可以逐渐转变为具有强大战斗力和凝聚力的"铁军"。这样的团队将能够在竞争激烈的市场中脱颖而出，实现组织的长远目标。

(2)"铁军"队伍的作用

通过打造一支具备专业素养、强大战斗力和良好形象的招商"铁军"队伍，企业能够在激烈的商业竞争中脱颖而出，实现快速发展。

①脚踏实地

你在市场上或许遇到过这样的项目，对方讲未来、讲趋势、讲政策、讲前景、讲模式、讲机制、讲产品，讲得头头是道，你感觉对方好厉害，着眼的是全球市场、布局的是 5 年内上市、打造的是千亿元市值……

当你看到这些就匆匆忙忙给人交钱的时候，大概率会成为被割的"韭菜"。一个企业的项目能不能成功、是否能真正做起来，除了上面讲的一大堆高大上的内容，关键还得看具体的细节及团队对具体细节落地执行的能力。没有这些底层的能力，上面的一切都是空中楼阁，迟早有一天会崩塌。

你做自己的企业是一样的道理，老板只要做两件事情，一个是定战略，一个是抓细节。细节就是对于"铁军"队伍的培养、培训、带教、执行、复盘、优化、提升、裂变……

②自动运转

做企业的最终目的一定不是把老板自己累死，而是打造一台真正可以自动赚钱的机器。这台机器离开任何一个人都能自动运转。

很多企业在生产流程上可以用机器替代人工，因为有人专门研发自动化机器。

但一到销售环节，老板就手足无措了，这是机器替代不了的，那怎么办？

打造你企业的"铁军"队伍，让团队像机器一样自动运转就好。

老板只需要定好机制、规则、晋升路径、成长规划，带着团队打好最初的模板，让他们的工作自动化、规制化，甚至不需要你的提醒和监督，他们就能做到最好。

只有把你的公司打造成一台能够自动成交的"赚钱机器"，就算你不在公司它都能赚钱，你才能成功地把它卖掉。假如你的公司非常赚钱，但公司所赚的每一分钱都必须由你亲自参与，那你的公司是卖不掉的，除非你把自己和公司捆绑在一起卖掉。

③穿越周期

阿里、美团、华为，这些看似巨无霸的公司背后的业绩都是"铁军"队伍一点点打下来的。

美团"铁军"的代领人干嘉伟就是由王兴再三邀请后加入，而干嘉伟是曾经阿里"铁军"的带头人。阿里和美团的业务不同，但不影响背后"铁军"机制的搭建者都是同一个人。

每个企业的业务类型不同，但都是在商场上赚钱，而赚钱的底层逻辑是相通的。只要你的企业能建立起一支"铁军"，那么针对不同的业务、面对不同的环境、在不同的时间你就能建立起来第二支、第三支、第四支"铁军"队伍……

这支队伍一旦成形，就可以达成任何你想达成的商业目标。

2."铁军"队伍的特点

"铁军"队伍通常具有以下两个显著特点：能赚钱和能快速复制。

（1）能赚钱

"铁军"队伍的核心特点是战斗力强，能够在关键时刻发挥关键作用，取得胜利。

华为人常说起自己在华为的生活是"激情燃烧的岁月"，一个人只要翻开华为的宣传资料，就会发现自己好像又回到了奋斗的年代。大家对华为的了解也都是基于"狼性文化""床垫文化"等，即便到了现在，军事化训练也是华为新进员工的必修课。

华为之所以这样做，是希望全体员工都能在工作中雷厉风行：服从组织和拥有开阔的头脑。所以华为通过利用各种管理方法和制度，让这种"群狼"的企业文化理念在员工身上落地生根，刻骨铭心，令行禁止。曾经在华为工作了整整十年的老员工黄灿回忆说："在华为的十年里，血脉里燃烧的全是被老板点燃的干劲与热情。在那种氛围里，我们变得很单纯，除了工作就是工作。"但也正是因为有这种"狼性文化"的管理，使华为内部的员工团队精神非常清晰。

任正非说："企业经营要警惕所谓的'狮子文化''老虎文化'——老虎是百兽之王，今天却成为人类保护的对象，因为高贵的基因是稀缺的，所以王者就成了濒危动物。"

华为人秉承着任正非话语中的意思，绝不做稀缺的狮子、老虎，而是要做靠团队取胜的"群狼"，利用团队这个工具，在工作中，大家齐心协力地去工作，不为自己一丝一毫的得失斤斤计较，始终想着团队大目标的实现，顺利地完成团队任务。

华为一直以来提倡的就是"狼性文化"，任正非认为："即便是再强大的狮子也招架不住一群狼的攻击。狼群以良好的嗅觉、敏捷的反应和发现猎物集体攻击的鲜明特点被大家所熟悉。"华为发展至今始终认为市场就是核心竞争力，"客户选择我而不选择你，就是竞争力"。所以华为的"狼性文化"，强调的是狼的团体品质和秉性，胜则举杯同庆，败则拼死相救的团结协作精神在华为得到了充分体现，并非强调残忍和反人性。

因此，华为一直都有着成千上万的一线营销人员前赴后继，凭借着华为人独具特色的"狼性"在前线冲锋陷阵，为华为能够如此迅速地崛起立下汗马功劳。

这种战斗力强的表现通常源于以下几个方面。

第一，严明的纪律。"铁军"队伍通常具有严明的纪律，成员能够严格遵守规定和命令，确保行动一致，形成强大的战斗力。

第二，不断的训练。"铁军"队伍注重训练，通过不断地训练提升成员的技能和素质，使其能够在各种复杂环境下迅速适应并发挥作用。

第三，强烈的使命感。"铁军"队伍的成员通常具有强烈的使命感，明确自己的责任和任务，勇于担当，敢于拼搏。

（2）能快速复制

"铁军"队伍不仅自身战斗力强，还具备快速复制的能力，能够在短时间内培养出更多具有相同战斗力的队伍。

拥有热情和渴望的你会不会更希望自己到全世界去走一走、看一看？

你会不会拒绝更有活力的自己？

你认真地想过让自己变成更自信、更成功的人吗？

凡事唯有彻底地说服自己，才能说服其他人。当你能够说服自己的时候，你展现的就是发自内心的真我，真我是最具影响力和领袖魅力的，真我是最具杀伤力和说服力的，最后不管你推销的是产品还是思想，别人都会有钱出钱、有力出力的。

如何成功说服别人死心塌地跟随你？

一是比人才更重视他们的梦想和目标并帮助其实现；二是用不可思议的目标过滤人才，用人才的目标成交人才；三是发挥人才的天分，帮人才扩大格局，一起成长，摆对位置；四是输入最好的软件，提升人才的自信，网罗最好的人才，形成核心梯队，规划未来走向；五是找到对的人和有强大资源的人，与他合作。

这种快速复制的能力主要得益于以下几个方面。

第一，标准化的流程。"铁军"队伍通常具有标准化的工作流程和训练方法，能够确保新成员快速融入并掌握所需技能。

第二，有效的传承机制。"铁军"队伍注重传承，通过老带新、师傅带徒弟等方式，将经验和技能有效传递给新成员。

第三，强大的组织能力。"铁军"队伍的组织能力强，能够迅速调配资源，为新队伍的组建提供有力支持。

综上所述，"铁军"队伍的特点在于战斗力强和能够快速复制。这支队伍在应对各种挑战和任务时，能够迅速适应并发挥作用，取得优异的成绩。同时，他们还能够将自身的经验和技能传递给更多的人，培养出更多具有相同战斗力的队伍，共同应对更大的挑战。

3. 打造"铁军"的商业案例

中国供应商作为阿里最早盈利的项目，帮助阿里走出最低谷，"中国供应商直销团队"被称为阿里的"铁军"。阿里集团的诸多高管，彭蕾、戴姗、蒋芳、孙彤宇、蔡崇信等，都出自这支"铁军"。

互联网江湖中的众多显赫人物，很多是从这支团队走出，程维（滴滴打车创始人兼 CEO）、干嘉伟（前美团网 COO）、吕广渝（前大众点评 COO）、陈国环（前赶集网 COO）、张强（去哪儿网 COO）。国内 O2O 战场，一度成为"铁军内战"。

这支"铁军"有哪些值得我们学习的呢？

（1）"铁军"文化

阿里大概是对价值观和企业文化最为看重的中国企业。阿里文化可以分三个层次，如图 5-3 所示。

"铁军"文化：要讲诚信，要讲敬业，要讲团队合作，要讲拥抱变化；

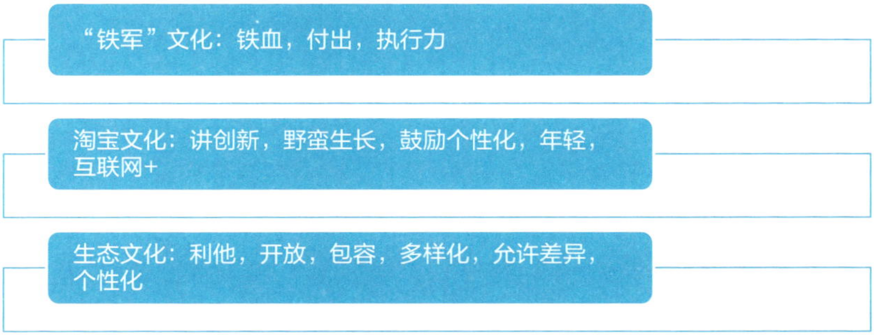

图 5-3　阿里文化三层次

"铁军"文化中最突出的是超强执行力和有情有义，超强执行力来自对规则的强力坚守；情义带来的归属感、安全感和信任感，不是利益捆绑能替代的；"铁军"文化中最核心的部分是清教徒式的自我要求，对于成功的渴望，对于回报社会、创造价值的执着。

2001 年 2 月，阿里价值观最早的"独孤九剑"形式：创新、激情、开放、教学相长、群策群力、质量、专注、服务与尊重、简易。

2004 年 8 月，"独孤九剑"变为更为精简的"六脉神剑"：客户第一、团队合作、拥抱变化、诚信、激情、敬业。超强执行力和有情有义，是"铁军"文化最醒目的两个标签。

"铁军"团队的气质是简单、直接、真实。

未来的"铁军"文化将会是"业务回到客户，组织回到员工"。

（2）"铁军"纪律

没有高压线，就不可能有令行禁止的阿里"铁军"。高压线是"铁军"的生命线，是为人处世的底线、准则，是阿里企业价值观在销售中的具体化，是"铁军"文化最为突出的外在表现。

阿里"铁军"的高压线：虚假拜访记录、虚假报销、考试作弊、辱骂客户、婚外情等。

（3）"铁军"机制

①PK 机制

大区与大区、主管与主管、个人与个人，各种轮番 PK。任何 PK 参与者都必须入戏，否则你就是个逃兵，就是最失败的人。

②老带新

阿里"铁军"销售与其他公司销售最大的区别还在于更加依靠团队和组织的力量；老帮新，主管帮员工，上级帮下级。徒弟签单了，师傅收一点辅导费，给专家一些提成。

经验、资源、信息要做到无偿共享，团队要快速复制，就要建立分享机制。分享是销售最好的学习方式，也是最有助于团队成长的方式。

③培训机制

阿里完整的培训体系：百年大计（新员工）、百年阿里（干部）、百年诚信（客户）。

"百年大计"主要针对新生培训，内容主要是"文化价值观、产品知识以及销售技能"等全方位学习，培训时长为三个月（后来改为 30 天）；价值观在整个培训体系中的比重很大。

④Review 机制

区域经理的 Review 机制是"3M 体系"：即 make strategy、make team、make number，就是策略、团队和结果。Review 机制的特点是"丑话当先、真话当先"。

有人 Review 后发出感慨：从来没有那么认真地审视过自己，从来没有那么认真地感受过别人。

⑤金牌制度

金牌制度：每个月直到全年，每个区域、大区、全国都会确定一条金牌的门槛，越过门槛才会有相应的荣誉和奖励——包括股票。

"免死金牌"：在三个月内需要完成至少一单，不少于某个数额，比如说 6 万元；2002 年后，每个人多了一次拿"免死金牌"的机会，再做三个月。

一家企业的薪酬激励机制是人力资源管理中最为重要的内容，它直指企业要的绩效和员工要的薪酬，是企业最终追求的目标。如何在薪酬和绩效之间寻求到平衡是老板和人力资源管理者要去思考的。

从人性的角度出发，只有企业和员工之间利益趋同了，思维才能统一。只有思维同频，上下同心，员工潜能才能得到最大限度释放，员工的行为才能一致，公司最终的战略目标才能实现。

管理的本质是通过团队拿结果，看似容易，实则很难。不论是 PDCA（计划、执行、检查、处理），还是其他管理工具，都不是管理的底层逻辑。有道无术，术尚可求，有术无道，止于术。

阿里销售三板斧——定目标、盯过程、拿结果，如图 5-4 所示。

图 5-4　阿里销售"三板斧"

众多互联网公司都有一个强大的销售团队，美团、滴滴的销售团队都是在阿里的这套销售运营和管理机制中快速打造出的行业领先的销售"铁军"，执行力极强的团队创造了一个个业界奇迹，强大的销售执行力是这个业务模式成功运作的关键。

阿里的整个销售管理体系正在遍地开花，其模式给予 B2B 市场销售管理者可借鉴的销售经验的同时，创造了越来越多的业界财富。

第六章
终身复购
将客户的终身价值发掘到位

　　客户的终身价值分两种：一种是横向的价值，就是客户在自己生命的不同时间段是不是一直在选购你的产品；另一种是纵向的价值，就是客户进你的企业以后，你是卖给他 100 元的产品，还是 1 万元的会员权益，还是 10 万元的项目，还是 100 万元的股权……

　　横向价值的挖掘与企业的产品设计有关，而客户的纵向价值方面，卖产品是最低级的方式，最起码你的企业也要升级到卖会员，接下来是卖项目、卖股权。

第一节
会员营销：从卖产品到卖会员

如果有一天你的企业不再需要销售，如果有一天进到你企业的客户都会在你这里终身消费，你就再也不用忙于满大街、满市场地去找客户了。设想一下，如果有 100 万人每人每年在你的企业都消费 1000 元，那么你的企业每一年都会是 10 亿元以上的营收。

你可以计算一下，这么多年以来在你企业消费的客户有多少？第一年的复购率有多少？第二年呢？第三年呢？第五年呢？你的企业若是成立了 3 年以上，但还是在不停地采用各种各样的办法、花了一次又一次的钱、在各种不同的渠道去找一个又一个的客户，肯定就是客户的终身价值没有发掘到位。

1. 为什么要卖会员

大家经营企业越久，越会感觉到现在新客户拓展变得越来越难，这是一个客户注意力被极度分散的年代。每个地方都最少有 10 种的获客渠道，再加上竞争对手层出不穷，轻轻松松获客赚钱的年代已经过去。增量经济时代的竞争已经结束，存量经济时代已经到来，简单来说就是新客户很难增加，我们必须挪出更多精力来维护老客户。

（1）会员经济的关键点

搞定老客户有两个关键点，如图 6-1 所示。

什么样的商业思维可以同时搞定以上两个点？会员经济。

关键1：让老客户产生经常性的购买行为

关键2：挖掘老客户背后的新客户资源

图6-1　搞定老客户的关键点

什么是会员？就是购买生活方式。比如，你到理发店办张会员卡，充1000元送200元；到银泰百货，消费1000元送1000积分；到服装店消费满2000元，送你一张会员卡，以后可以打八折；等等。其实积分卡、储值卡、打折卡等都是会员卡。

会员经济的含义是找到你的超级用户，掌握永久交易，并建立经常性收入。会员经济最早诞生于15世纪的欧洲，封建贵族因不屑与平民为伍，组织了各种类型的封闭式会员俱乐部——会员成为贵族生活的入场券。

我们说过去的商业是经营产品，把一个产品卖给1000个人；现在的商业是经营人，卖给1个人1000次产品，从一生一次到一生一世就是当今会员经济背后的逻辑。

会员制是实体店经营中最常见的商业模式，这种模式可以很好地提升顾客复购率。在如今的日常生活中，会员制无处不在，不仅仅是麦当劳、肯德基，就连一家小小的奶茶店都有会员卡管理制度。

会员制最大的好处就是可以留住顾客，通过会员卡提供差异化的服务和精准营销，与顾客建立长期稳定的关系，提高顾客忠诚度，最终增加店铺营业额。

（2）常用的会员营销模式

常用的会员营销模式，如图6-2所示。

第一，会员积分。会员通过购买店里的产品获得积分，然后，可以用积分兑换店里的产品和优惠券，或者在消费时直接用积分抵扣现金。

与多赚的心态相对应，少花也是一种顾客典型的心理弱点。要想满足顾客的这种心理，诸如促销、打折、会员卡、免费维修、免费更换零件等的销售方法都能取得很好的效果。

图 6-2　会员营销模式

比如说在一些节假日或换季时期，很多卖场都会打出"降价促销""打折优惠"的醒目招牌以吸引顾客；还有的卖场则设立各种各样的会员制度，以积分、优惠、返利等方式来吸引顾客，这些都是建立在人们追求"少花钱、多办事"心理上的销售方式。

第二，充值免单。充值免单，是指会员在会员卡上充值一定数量，就可以获得本次消费全部免单的优惠。

第三，半价优惠。比如，某自助餐厅推出了半价优惠的活动，只要顾客在店里消费满 300 元，就可以获得一张半价优惠卡，原价 98 元的自助午餐只需要 49 元即可购买，仅限每周三或周四使用，使用有效期为一个月。该餐厅自从开展这个活动，不光是周三周四的客流量增多，连平时的人气也被带动了，生意源源不断，营业额持续提高。

第四，半价月卡。某快餐店推出了半价月卡活动，只要花 200 元就可以每天进店吃一次价位在 15 元左右的快餐，有鱼香肉丝套餐、酱爆茄子套餐、番茄炒蛋套餐等三种选择，总价值 450 元。此卡只限本人使用，30 天内有效。这种月卡其实类似于公交卡、地铁卡的半价月票。

第五，半价年卡。半价年卡和半价月卡其实是一个道理，只是使用优惠的有效时间不同。比如，某快餐店价值 4000 元的年卡，现在售价 2000 元，并且，只要持年卡来吃饭，还额外送一瓶饮料。这样，可以长期保持快餐店的客流量，增加业绩，而且也能小赚一笔。

第六，打折卡。直接通过购买会员卡享受折扣优惠，也是常见的会员营销模式。比如，花费 100 元购买某商场的会员卡，凭此卡，全场消费打 88 折。打折卡的主要目的不是赚这 100 元的会员卡费，而是为了用这张卡锁定顾客的长期消费。

以上这 6 种常见的会员营销模式，适用于餐饮店、水果店、商超等各类消费重复性高的行业，各位可以根据自己店铺的实际情况，选择相应的会员方式。比如，某汽车美容店，做促销活动，400 元贴膜送 20 次洗车。贴膜成本 100 元，20 次洗车的成本大概也就是 100 元，那么顾客贴了一次膜，还得回来洗车 20 次，这也是增加复购模式。

会员制的本质是留住老客户。如何把顾客吸引进来，能够持续跟其发生关联，这才是赚钱的核心逻辑。

谁不想获得最高级的销售待遇、谁不想获得尊贵的身份？这同样是顾客的心理弱点。针对这个弱点，很多卖场打出了"优先权、金卡、会员卡"等牌，在满足顾客虚荣心的同时，将顾客牢牢地吸引在自己的卖场中。

（3）VIP 会员制管理

在微利时代，商家和消费者都普遍意识到：无论怎样宣传，低于成本销售产品是不太可能的，即使有短期倾销，也不会持久。而由价格战所引起的同行之间的血拼，却会不可避免地导致行业利润率降低，最终形成"双输"局面。打折时才去购买你产品的群体，往往并不是你的固定消费者。一味的价格让利并不利于企业形象的维护和提高，甚至可能让消费者产生产品质量不过关的疑虑，得不偿失。

VIP（very important person）是英文"贵宾"的缩写。在日益白热化的激烈商业竞争中，顾客第一次消费以后，如何让其成为回头客是接下来需要思考的问题。VIP 客户才是给店铺创造最大价值的客户，他们能给你创造最大的利润。为了争夺客源，很多商家都先后推出了 VIP 会员制，发放 VIP 会员卡，从而避免单纯追求短期销售利益。VIP 会员制能够让消费者购买同质商品得到更多折扣和实惠，提高顾客的忠诚度。

采取 VIP 卡的方式，实行会员积分、按积分赠礼等活动，定期或者不定期地让利，积分到一定的程度，就可以换购其他商品，获得相应的礼物。VIP 卡的方式锁定了一部分消费者。为 VIP 卡用户提供比普通消费者更优质、更及时的套餐服务，让消费者在购买产品的同时，感觉到宾至如归。通过这种 VIP 服务的方式，卖场留住了回头客，让顾客买得更久。当然，不同的商家、不同的决策层都会对其有自己独到的看法，适合自己的才是最好的。

VIP 顾客的维护和管理是为了稳定顾客群，培养忠诚顾客，并提高顾客体验，是让忠诚的顾客获得更为优惠的服务，对原有 VIP 顾客进行维护。

日常工作中，我们见到许多公司的 VIP 制都形同虚设，因为根本不注重顾客资料的收集、保管与反馈，结果是 VIP 卡一大堆，没有实惠。消费者渐渐地对 VIP 卡失去兴趣。另外，有一些品牌扎实地做好 VIP 制，其 VIP 卡的含金量就高，顾客执卡的欲望也高。

VIP 制主要是为顺应市场的要求、培养品牌的顾客忠诚度、增加商品的销售机会、加强品牌的服务附加值而设。一方面可以将长期的消费者加入公司的营销圈内；另一方面也会因此收集到有关商品的市场认可情况，对提高公司的产品品质及服务质量有一定的作用。VIP 制适用于所有品牌的代理商、加盟店、直营店实施，作为公司统一形象、统一管理、统一服务的一项重要内容。

通过"二八原则"确定哪些顾客是店铺重点的、要发展的顾客。店铺 80% 的销量是由 20% 的顾客产生的。不断地通过各种营销手段，努力使 20% 的群体最大化，创造出更大的市场。

2. 会员制营销的好处

为企业设置会员制营销有三大好处，如图 6-3 所示。

图 6-3　会员制营销的好处

（1）改变定价模型

产品经济时代是按照数量价格来定价的，但围绕会员来做的文章就完全可以脱离产品数量的捆绑，采用全新的价值定价模型。比如作为门店可以给会员门店代言人的荣誉、作为农场可以给会员一定的冠名权、作为教育产品可以借私董会的名义给客户圈子等。

（2）业务交叉推广

过去企业卖给客户的只是一件产品，客户对企业的认知也只是一件产品，这时候再卖别的产品就显得突兀。但会员不同，会员售卖的是一个资格，比如豪车毒老纪，他是卖豪车的，更是卖会员的。除了豪车，名表、家政、食品、课程、私董会，只要是围绕这个会员群体来提供服务的，那一切产品的销售都变得顺理成章，一生一世的生意模型就此建立。

（3）拓展更多新客户

会员经营的是一个圈子，优质的客户必然在优质的客户圈里，只要在会员模式中加上一定的转介基因，那每个会员背后的资源就会被无限激活。这个方式就像分销的无限裂变，大家本来有信任基础，再加上利益的绑定，就实现了"人传人"的无限裂变。

很多大企业都看到了会员经济的威力，目前市面上常见的会员制方式有以下五种，如图6-4所示。

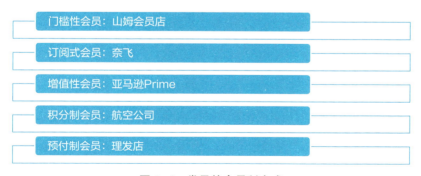

图6-4　常见的会员制方式

①门槛性会员：山姆会员店

门槛性会员，以山姆会员店为例，是指消费者需要先缴纳一定费用成为会员，才能进入超市购物并享受相应服务和权益。在山姆会员店中，会员分为两种类型：个人会员和卓越会员。个人会员需要缴纳 260 元的费用，而卓越会员则需要缴纳 680 元的费用。这些费用并非直接用于购物，而是作为进入超市的通行证，会员的有效期为一年。

会员制超市的诞生可以追溯到 1983 年，由山姆·沃尔玛在美国俄克拉荷马州创立的山姆会员店开始实行这种模式。经过多年的发展，山姆会员店在全球市场的份额不断扩大，销售额达到了数百亿美元。在中国市场，山姆会员店也取得了巨大的成功。

山姆会员店的会员制度为消费者提供了便利的购物环境，并为会员带来了诸多特权。不管是普通会员还是卓越会员，在加入山姆会员店后，都可以随意进出全国连锁的任意一个山姆会员店，享受到相应的服务和购物权益。与传统超市相比，山姆会员店注重利用互联网技术提供更为便捷的购物体验，消费者可以通过在线购物平台或者手机随时随地浏览商品并下单，节约了大量的时间和精力。

对于卓越会员而言，他们不仅能够享受到普通会员的所有服务和权益，还能享受到更高的折扣和更多的积分。积分是山姆会员店会员制度中的一个重要组成部分，卓越会员每消费 1 元，便可获得两个积分，而普通会员无法积分。积分可以在下个月转化为现金券，为之后的消费减免金额，相当于一张"省钱卡"。

总的来说，门槛性会员制度通过提供独特的服务和权益，吸引消费者缴纳一定的费用成为会员，从而增加了消费者的忠诚度和回头率。同时，这种模式也为商家提供了稳定的客源和收入，实现了双赢。

②订阅式会员：奈飞

订阅式会员是指消费者通过支付一定的费用，获得在一定时间内访问特定服务或内容的权限，通常以月度、季度或年度为单位进行计费。以奈飞（Netflix）为例，这是一家总部位于美国加利福尼亚州的流媒体播放平台，提供电影、电视剧、纪录片、儿童节目等视频内容。奈飞采用的就是典型的订阅式会员模式。

奈飞的订阅式会员制度为消费者提供了便捷、灵活且个性化的观影体验。用户可以根据自己的需求和喜好，选择适合自己的套餐进行订阅。奈飞提供了多种套餐选择，包括基本套餐、高级套餐和豪华套餐等，每种套餐提供的服务和权益有所不同，价格也会有所差异。

订阅奈飞的会员后，用户可以享受到高清、流畅的观影体验，同时还能够观看奈飞独家制作的原创剧集和电影。奈飞的视频库非常丰富，几乎覆盖了所有类型的电影和电视剧，满足了不同用户的观影需求。此外，奈飞还提供了多语言配音和字幕选项，方便不同国家和地区的用户观看。

订阅式会员制度的优势在于它为消费者提供了更加灵活和个性化的服务。消费者可以根据自己的需求和预算选择适合自己的套餐，随时取消或更改订阅。这种模式也为奈飞带来了稳定的收入，有利于公司的长期发展。

总的来说，奈飞的订阅式会员制度为消费者提供了便捷、灵活且个性化的观影体验，同时也为公司带来了稳定的收入。这种模式在流媒体行业得到了广泛应用，成为当前流媒体市场的主流模式之一。

③增值性会员：亚马逊 Prime

亚马逊 Prime 是亚马逊推出的一种增值性会员服务，旨在提供额外的购物和娱乐权益给付费会员。通过支付一定的会员费用，Prime 会员可以享受多种优惠和服务，进一步提升购物和娱乐体验。

首先，亚马逊 Prime 会员核心权益之一是免费配送服务。在会员有效期内，Prime 会员可以享受亚马逊海外购商品的全量无限制免费配送服务，无须满足特定消费门槛，即可享受免费送货。这大大节省了购物时的运费支出，并提高了购物的便利性。

其次，亚马逊 Prime 会员还可以享受快速配送服务。对于亚马逊自营产品，Prime 会员可以选择两日送达服务，即订单下单后的两天内即可收到包裹。这为急需商品的消费者提供了极大的便利。

再次，亚马逊 Prime 会员还可以享受独家会员专享折扣。每月的超级品牌日以及每周三的 Prime 会员日，Prime 会员都可以享受到特定的折扣和优惠券，获得更多独家优惠。

最后，亚马逊 Prime 会员还可以免费收看电视节目和电子书。Prime 会员可以免费观看大量电影、电视剧和儿童节目，同时还可以免费下载超过 35 万本 Kindle 电子书。这为喜欢娱乐和阅读的消费者提供了额外的价值。

需要注意的是，亚马逊 Prime 的会员费用因地区而异。例如，美国亚马逊 Prime 的年度会员费用为 119 美元/年，而中国亚马逊 Prime 的年度会员费用为 288 元/年。此外，对于未开通 Prime 会员的账号，亚马逊还提供 30 天的免费试享期，让消费者可以先体验 Prime 会员的各项权益。

总的来说，亚马逊 Prime 作为一种增值性会员服务，通过提供免费的配送、快速配送、独家折扣以及免费娱乐内容等权益，为付费会员提供了更加丰富的购物和娱乐体验。虽然会员费用因地区而异，但对于经常在亚马逊购物的消费者来说，Prime 会员的权益和服务是物超所值的。

④积分制会员：航空公司

积分制会员在航空公司中是一种常见的会员制度，它允许乘客通过累积飞行里程或消费金额来获得积分，进而享受一系列会员特权和服务。

在航空公司中，积分制会员通常分为不同的等级，如银卡、金卡、白金卡等，每个等级对应的积分要求和享受的权益也有所不同。乘客可以通过乘坐该航空公司的航班、购买机票、使用航空公司的合作伙伴服务等途径来累积积分。当积分达到一定数量时，乘客就可以晋升到更高的会员等级，并享受更多的会员特权。

这些特权通常包括优先办理登机手续、免费升舱、额外行李托运、机场贵宾室使用权、优先登机、航班延误时的优先处理等。一些高级会员还可以享受专属的客服服务、定制化的旅行计划以及合作伙伴提供的高端服务等。

积分制会员制度对航空公司来说，不仅可以提高乘客的忠诚度和黏性，还可以促进消费和增加收入。通过提供吸引人的会员特权和服务，航空公司可以激励乘客选择其航班，并在购票、用餐、购物等环节产生更多的消费。

同时，高级会员的存在也为航空公司带来了良好的口碑和形象，有助于提升其在市场上的竞争力。

总的来说，积分制会员是航空公司为了提升乘客忠诚度和促进消费而推出的一种会员制度。通过累积积分和享受会员特权，乘客可以获得更好的飞行体验和服务，而航空公司也可以实现增加收入、提升竞争力的目标。

⑤预付制会员：理发店

预付制会员在理发店中是一种常见的会员制度，它要求消费者在成为会员之前预先支付一定的费用，然后根据这些费用享受相应的服务。

在理发店中，预付制会员通常可以获得一些优惠和特权，比如折扣、免费试用新产品、优先预约等。消费者购买会员卡后，可以在卡内充入一定的金额，每次消费时从卡内余额中扣除相应费用。这种方式对于理发店来说，可以提前获取一定的资金，有助于稳定经营和提高客户黏性。

预付制会员也有一些潜在的风险和问题。例如，理发店的服务质量不佳或者经营不善，消费者可能会感到不满并希望退款。此时，理发店需要遵守相关的消费者权益保护法规，及时退还消费者的预付款项。此外，理发店还需要妥善管理会员的预付款项，避免出现资金挪用或流失的情况。

总的来说，预付制会员对于理发店来说是一种有效的营销手段，可以吸引更多的消费者并提高他们的忠诚度。但同时也需要遵守相关法律法规，保障消费者的权益和资金安全。消费者在选择预付制会员时，也需要仔细考虑和比较不同理发店的服务质量和价格等因素，以做出明智的决策。

3. 卖会员的商业案例

案例1：孩子王

单客经济是孩子王创始人汪建国在孩子王建立之初提出来的战略，也即以单个用户运营为核心，根据0~14岁孩子在不同阶段的需求，提供一站式采购及服务，把单个客户所能消费的项目范围无限拉大，以提高单客单价。

用今天的话说就是：提高用户终身价值。

提高用户终身价值，怎么做？让用户一直在店里消费。

那么，怎么让用户一直在店里消费，而不去其他店？你店里得有比其他店更好的地方吧？产品更多？更便宜？服务更好？好家伙，灵魂拷问，谁听了都要一头汗。

然而，前事不忘，后事之师。孩子王该怎么走，汪建国在百思买和五星电器时期已经积累了很多经验，于是，他给孩子王出了招。

这个策略就是会员制。在孩子王入店即会员，只要发生交易就是会员。2009 年的中国，会员制已经不是新鲜概念了，很多企业和大卖场都尝试采取会员的方式提升用户黏性，增加复购的机会。只不过，即使在十年后的今天，虽然我们熟读了亚马逊的超级会员玩法，也深刻意识到会员对于碎片化营销的意义，并建立了看似颇具吸引力的利益机制，但真正能够掌握会员制运作精髓的企业并不多。

更多时候，我们所讨论的会员身份仅仅是一种赋予用户的优惠激励。孩子王的不同之处在于，会员制不仅是用户单方面的利益驱动，更是无所不在的有形服务，并通过一对一随时互动，贯穿整个用户生命周期。

服务是孩子王会员制的另一个名字。在谈论孩子王的会员制之前，需要先了解一下为什么汪建国会坚持"做服务"这件事。时间线拨回百思买跟五星电器交涉期间，百思买当时花了 300 万元请了一家英国咨询公司（Dunnhumby）为五星电器做顾客调查，希望得知顾客到五星电器购物而非其他商场的原因。

精明的汪建国觉得价格太高了，他认为自己很了解顾客，"啪啪啪"给出三个原因：一是看中价格（这也是当时所有家电零售商场的主要竞争手段）；二是看中服务；三是看中质量。结果出来也是"啪啪啪"打脸：真正决策购买的动机，是信任。

也就是说，顾客买与不买，取决于接待顾客的员工使这位顾客产生信任的程度。

那么，如何得到信任？

首先，百思买一直在经营的"客户中心"也许可以给出答案——针对目标顾客群制定不同的运营方式、配备不同的专业人士服务，以专业获取信任。比如，针对繁忙的家庭主妇，提供私人购物助理的服务，客户可提前约定一个私人购物助理，他可以在一切购物事务上协助；针对小型企业主，则提供上门测量、布线、布置产品等咨询服务，每次收费 150 美元，但如果企业主选择了百思买的产品，则用咨询费抵消。这也是汪建国在美国考察时所看见的。

为了验证调查结果真伪，汪建国特意选了一家门店做试验，专门培养了 6 个导购做家电顾问，为用户提供专业建议和全程服务，提高与顾客之间的信任黏性。最后在这个有 50 多名促销员的门店里，6 个家电顾问竟然贡献了整个卖场 49% 的销量。于是，在这一次调查之后，五星电器有了"家电顾问"这一角色，承担电器售前、售中、售后"一站式"的购物体验。这一套也顺利地延续到了孩子王身上——孩子王会员制，会员的最大权益，是享受导购的服务。

孩子王门店的导购，不仅是导购，还是"母婴顾问"，跟客户互动，也对孕妇分娩后的心理、健康、饮食、体形恢复及婴儿生长发育过程中遇到的一系列问题提出建议，为初为人母的妈妈们提供全程的顾问式关怀及产品导购建议。

其次，孩子王也采取了跟百思买相似的运营方式，例如，根据客户孩子年龄段的不同提供不同的服务，并跟踪客户状态，持续输出关心和建议。例如假设某宝妈刚生完孩子，正在坐月子，去孩子王逛的时候，导购告诉她 99% 的妈妈都会在月子期间买这一套东西，还帮忙搭配好，同时告诉她，宝宝半岁该喝什么奶粉，她就会觉得导购太贴心了。不仅如此，这个导购在半年后，还来提醒她要给已经半岁的孩子换二段奶粉。在孕期/孕后最需要人关心的时候，有人对她这么上心，即便是暗示她消费，她也十分感动。

不仅如此，他们更把"专业性"作为第一考量，无论是门店员工还是母婴顾问（现在叫"育婴顾问"），还是普通销售人员，都会被要求拥有育婴师资格。

在汪建国看来，做好专业的咨询和服务，便可获得用户的信任与认可，便可获得销售机会——正如当年的百思买和五星电器。2009 年，全面二孩还没开放，大多数的妈妈其实都处于一孩阶段，缺乏育儿经验，专业的育儿指导于她们而言是迫切需要的。而且，所购产品又是用于孩子身上，安全性和专业性极其重要，如果销售人员没有专业育儿知识，不仅难以获得信任，还有可能带来严重的后果。

对于妈妈们而言，孩子王可能是"救星"：一是有了一家可以搞定所有需要的产品的店；二是有专业的育婴师协助，育婴师导购，相当于客户的私人育儿顾问。

而正是因为育婴师导购的存在，也打破了会员的初始服务障碍：会员 = 便宜打折 vs 会员 = 1 对 1 全程服务，客户会选哪个？答案一目了然。

孩子王也因此有了坚实的用户（会员）基础，打开了当时已经被大品牌占据上风的母婴市场。

不用看后来的成绩，当孩子王从卖产品变成卖解决方案，已经可以预想到他们的用户价值必定会有高于行业水平的那一天。然而，这只是单客经济的第一步，用策略打下了半壁江山，要往上走，却远远不够。十年前的会员服务做得再好，也只是线下，一旦客户搬家或是忘了孩子王，也就相当于流失。所以，当时除了门店服务，孩子王还会采取电聊的方式跟客户保持联系。

案例 2：茂业百货

茂业百货的会员制度是一种增值性会员服务，旨在为消费者提供更加优质、便捷的购物体验。消费者可以通过成为会员，享受更多的折扣、积分、礼品和服务等权益，同时也可以提高自己的购物效率和满意度。

茂业百货线上会员超 1500 万名，其中微信小程序商城（茂乐惠）会员近 200 万名；原来用户可能每月去 1~2 次门店，现在线上用户复购可提升为每月 3~4 次，甚至更多；茂乐惠会员消费平均在 700~1200 元/次。取得这些数据，其在运营中采取了以下关键策略。

第一，每年都会先划分出重要营销节点，如春节、中秋、"6·18"活动、"8·18"活动、周年庆、"双十一"、超级会员日等，策划活动。

第二，不断优化和丰富线上商城的产品功能和营销玩法，如"专柜自提""大牌试用""天天星品""人气直播""官方榜单""超级品牌日""分享券"等，很多品牌每个月都会参与多个板块的营销活动，更好地服务用户，提升用户黏性，把更多超值好货推荐给消费者，提升商城的转化率。

第三，通过口碑裂变吸引新会员，如茂乐惠的裂变券核销率在70%以上。分享者可得到高额返券，被分享者则能拿到低额无门槛优惠券。此外，微信支付成功页面+购置券、零点加购等也是不错的会员策略。

第四，鼓励用户到线下柜台自提。原来用户需要到商场才会在"派样机"上领取单个品牌试用装，比较随机，无法主动获取。现在用户可在茂乐惠的"大牌试用"页面，通过付费、免费、付邮费等形式主动申领试用资格，且一次到店可领取多个品牌试用装，还能享受柜台导购的细心讲解，大大节省时间成本。付费使用的"回柜券"可以即领即用，被导购"种草"后直接用于购买其他产品，提升单客消费力。

第五，用户增量。除了场内和私域引流，茂乐惠也会在全网拓展茂业线上"消费聚点"，哪里有客户就去哪里攫取流量，不论免费投放还是付费投放，在控制成本情况下最大化茂乐惠商城流量。

茂业百货的会员制度是一种增值性会员服务，旨在为消费者提供更加优质、便捷的购物体验。消费者可以通过支付一定的费用成为茂业百货的会员，并享受相应的会员权益和服务。

茂业百货的会员制度包括普卡会员和金卡会员两种。普卡会员可以享受折扣积分、积分兑换、线上线下积分同享、会员生日礼遇、专属活动、免费礼品包装等多项权益。金卡会员则可以享受更多的特权和服务，如生日礼遇升级、节日礼品定制、专属活动、尊贵独享服务、电话预约、送货上门、免费饮料点心等。

消费者可以通过茂业百货的官方网站、实体店或者 App 等申请成为会员，并根据自己的需求和预算选择适合的会员类型。在会员有效期内，消费者可以享受相应的会员权益和服务，同时也可以通过购物累积积分，换取更多的优惠和礼品。

第二节

项目营销：从卖会员到卖项目

卖项目是一种将眼光从消费市场转移到创业市场的商业模式。它要求销售者具备更高的专业素养和市场洞察力，为创业者提供有价值的商业机会和项目支持，同时也为创业者提供了一个实现创业梦想的平台。

1. 为什么要卖项目

卖项目就是把眼光从消费市场转移到创业市场，从卖给消费者产品到卖给创业者项目。卖项目与传统的面向消费市场的产品销售有着显著的区别。在卖项目的商业模式中，重点从消费市场转向了创业市场，目标客户从普通消费者变成有创业意愿和需求的创业者。这意味着销售的产品也从普通的消费品转变为具有商业价值和潜力的项目或业务机会。

在这种模式下，销售者通常提供的是一个完整的商业方案或项目，包括市场分析、商业模式、运营策略、技术支持等多个方面。这些项目往往具有一定的创新性和市场潜力，能够吸引创业者的兴趣并激发他们的创业热情。

与面向消费市场的产品销售相比，卖项目具有更高的风险性和回报潜力。由于创业者需要投入资金、时间和精力来实施这些项目，他们通常期望获得更高的回报。同时，这些项目也面临着更大的市场竞争和不确定性，因此销售者需要提供更全面、专业的支持和服务来降低创业者的风险。

对于销售者来说，卖项目需要具备更丰富的商业知识和经验，能够准确判断市场需求和趋势，提供有价值的商业机会和项目。同时，他们还需要具备良好的沟通和谈判技巧，能够与创业者建立信任关系并促成交易。

S2B2C 模式就是向创业市场卖项目的最典型代表。S2B2C 中的"2"英文是 two，谐音是 to，有"至"的意思，所以 2 代表的是传递，S2B2C 模式如图 6-5 所示。

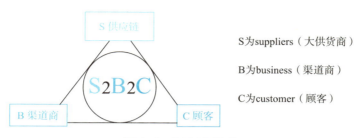

图 6-5　S2B2C 模式

S2B2C 是一种全新的电子商务营销模式，它将大供货商（S）、渠道商（B）和顾客（C）三者紧密地连接在一起。在这种模式下，大供货商负责整合上游的优质供应商，为渠道商提供商品和服务；渠道商则通过平台与顾客进行一对一的沟通，发现并满足他们的需求，同时将这些信息反馈给大供货商，以便更好地满足顾客需求。

（1）传统模式

第一，B2B（Business to Business）模式，典型代表为 1688。

1688 是阿里旗下的一个 B2B 电子商务平台。B2B 模式是指企业与企业之间通过互联网或各种商务网络平台进行产品或服务的交易活动。在 1688 平台上，供应商和采购商可以完成在线发布供求信息、进行产品展示、询价、报价、订货、交易确认、支付以及物流配送等一系列交易流程。

1688 的 B2B 模式具有以下特点，如图 6-6 所示。

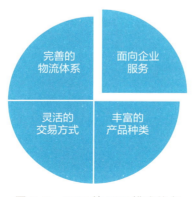

图 6-6　1688 的 B2B 模式特点

面向企业服务：1688 平台主要服务于中小企业，为他们提供一个便捷、高效的采购和销售渠道，帮助他们降低成本、提高效率。

丰富的产品种类：平台涵盖了众多行业的产品，从原材料、半成品到成品，几乎能满足所有行业的需求，方便企业进行一站式采购。

灵活的交易方式：1688 支持多种交易方式，如在线支付、货到付款等，以满足不同企业的交易需求。

完善的物流体系：平台与多家物流公司合作，为企业提供快速、准确的物流配送服务，确保产品及时送达。

总的来说，1688 的 B2B 模式通过互联网技术将供应商和采购商紧密地连接在一起，实现了企业间的高效交易，降低了采购成本，提高了采购效率，为企业的发展提供了有力支持。

第二，B2C（Business to Consumer）模式，典型代表为京东直营。

京东直营是京东电商平台的一个重要组成部分，它采用的是 B2C 模式，即企业直接面向消费者销售商品或服务。

在这种模式下，京东作为电商平台，直接从品牌厂商、供应商等处采购商品，然后在线上平台进行销售，将商品直接交付给消费者。整个交易流程中，京东负责商品的采购、仓储、物流、售后服务等，确保消费者能够享受到高品质的商品和服务。

京东直营的 B2C 模式有以下几个特点，如图 6-7 所示。

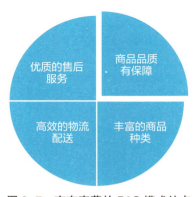

图 6-7　京东直营的 B2C 模式特点

商品品质有保障：京东直营的商品都是直接从品牌厂商或供应商处采购，品质有保障，消费者可以放心购买。

丰富的商品种类：京东直营涵盖了众多商品种类，从家电、数码、家居、服饰到食品等，几乎满足了消费者的所有需求。

高效的物流配送：京东拥有完善的物流体系和配送网络，能够确保商品及时送达消费者手中，提高了消费者的购物体验。

优质的售后服务：京东直营提供全面的售后服务，包括退换货、维修等，为消费者解决了购物中可能遇到的问题。

总的来说，京东直营的 B2C 模式通过直接面向消费者销售商品，提供了高品质的商品和服务，提高了消费者的购物体验，同时也为京东电商平台的发展提供了有力支持。

第三，C2C（Consumer to Consumer）模式，典型代表为淘宝。

淘宝是中国著名的电商平台，其最初的商业模式是 C2C，即消费者对消费者的模式。在 C2C 模式下，淘宝为买卖双方提供了一个在线交易平台，使卖方可以主动提供商品上网拍卖，而买方可以自行选择商品进行竞价。

淘宝 C2C 模式的特点如图 6-8 所示。

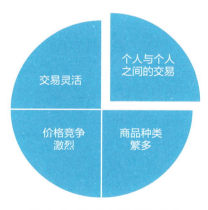

图 6-8　淘宝 C2C 模式特点

个人与个人之间的交易：在淘宝的 C2C 模式下，交易的双方都是个人。这意味着无论是卖家还是买家，都可以是普通的消费者，他们可以在平台上出售自己不需要的商品，或者购买自己需要的商品。

商品种类繁多：由于是个人与个人之间的交易，因此商品的种类繁多，几乎涵盖了所有可能的商品。从二手物品到新品，从日常生活用品到专业设备，都可以在淘宝上找到。

价格竞争激烈：因为是个人与卖家之间的竞争，所以价格往往比较透明，消费者可以通过比较不同卖家的价格和质量来选择最合适的商品。

交易灵活：C2C 模式下的交易非常灵活，买卖双方可以自由协商交易细节，如价格、支付方式、发货方式等。

总的来说，淘宝的 C2C 模式为消费者提供了一个方便、快捷、多样化的购物平台，同时也为中小卖家提供了一个展示和销售商品的渠道。然而，随着电商行业的发展，淘宝也逐渐引入了 B2C、O2O 等模式，以满足不同消费者的需求。

（2）S2B2C 模式

S2B2C 模式来源于对供应链和渠道的深度研究以及对未来商业趋势的洞察。随着消费升级和数字化进程的加速，传统的供应链和渠道模式已经无法满足消费者日益多元化、个性化的需求。同时，在数字化时代，任何一个单一的企业或个体都很难满足消费者的所有需求，必须通过合作、共享、协同的方式来实现价值共创。

因此，S2B2C 模式应运而生。这个模式通过一个大的供应链平台（S），赋能给无数个小的商家或个体（B），让他们能够更好地服务自己的客户（C）。S2B2C 模式的核心在于通过数字化技术和数据智能，实现供应链和渠道的数字化、智能化、协同化，从而提高整个商业生态的效率和价值。

具体来说，S2B2C 模式中的 S，即大供应链平台，负责整合上游的优质供应商，为渠道商 B 提供商品和服务。B 即渠道商，通过平台与消费者 C 进行一对一的沟通，发现并满足他们的需求，同时将这些信息反馈给 S，以便更好地满足消费者需求。C 即消费者，是最终的受益者，他们可以享受到更高品质的商品和服务。

S2B2C 模式是对传统供应链和渠道模式的一种创新和升级，它通过数字化技术和数据智能，实现了供应链和渠道的数字化、智能化、协同化，提高了整个商业生态的效率和价值。同时，S2B2C 模式也为企业和个体提供了一个合作、共享、协同的平台，实现了价值共创和共赢。

S2B2C 模式的特点，如图 6-9 所示。

第一，从割裂走向共赢

第二，不是加盟而是协同

图 6-9　S2B2C 模式的特点

第一，从割裂走向共赢。传统的 B2B 或者 B2C 模式下三者之间是割裂甚至对立的关系，S2B2C 的最大创新在于 S 和 B 共同服务 C，S 和 B 服务 C 的核心，B 服务 C 离不开 S 平台提供的各种支持，但 S 也需要通过 B 服务 C，在 S2B2C 模式下，重新定义了三方关系。从过去三方的博弈，变成共生共赢关系。

第二，不是加盟而是协同。S2B2C 不是传统的加盟体系，而是一个创新的协同网络。S 和众多的 B 之间是紧密合作的关系，而不是传统 B2B 的简单商务关系。

S2B2C 的重点是大供货商 S 一要整合上游优质供应商，二要给渠道商 B 提供各种技术、数据支持，三要辅助渠道商 B 完成对顾客 C 的服务。

渠道商 B 在其中的作用则是一对一沟通顾客 C，发现需求并定制需求，同时将这些信息反馈给大供货商 S，以便落实顾客 C 所需的服务。

2. 项目营销的好处

S2B2C 模式的优势在于，它打破了传统的供应链条，实现了从供应商到消费者的直接连接，提高了交易效率，降低了库存成本。同时，通过提供 SaaS 工具、技术支持和培训，大供货商能够帮助渠道商更好地服务于顾客，提高了顾客满意度和忠诚度。

在 S2B2C 模式中，大供货商扮演着非常重要的角色。他们不仅要提供优质的商品和服务，还要对渠道商进行赋能，帮助他们提高销售能力和服务水平。同时，大供货商还要与渠道商保持紧密的合作关系，共同满足顾客的需求，实现共赢。

S2B2C 是一个开放的系统，其逻辑是价值赋能渠道商和深度服务消费者，形成一个以大供货商为基础和底层规则的生态系统。而传统的 B2B 或者 B2C 模式，2B、2C 这两个环节是割裂的。这也是 S2B2C 模式最大的创新之处，在于大供货商（S）、渠道商（B）对顾客（C）的"共同服务"。

总的来说，S2B2C 模式是一种创新的电子商务营销模式，它实现了供货商、渠道商和顾客之间的无缝连接，提高了交易效率和服务水平，为电商行业的发展带来了新的机遇和挑战。

阿里的战略顾问曾鸣称其为未来十年的黄金风口，业界称其为"产业核弹"。S2B2C 是对现有模式的降维打击，是对整个商业的颠覆。何为降维打击？"降维打击"一词出自《三体》，歌者文明用二向箔将三维空间坍缩成二维空间，进而完成对文明的清除，这就是降维打击。

三维有长、宽、高，二维只是一个平面。

一张纸上画着一个小人，这个小人所处的就是二维空间，看纸的你就处于三维空间。纸上的小人向你挑战，无论怎样都伤害不了你，你觉得没有意思，随手把纸揉成一团，扔进了垃圾桶。这样三维空间的你很随意地就终结了二维空间的小人，这个小人甚至都不知道导致自己身亡的力量到底来自何处。

这种攻击不同于传统攻击，直接从根本上颠覆了一个生态，被攻击者没有办法进行防御。商业上的降维打击不单单是降低产品价格那么简单，而是技术或模式的革命性颠覆，直接改变商业环境，让竞争对手无力竞争。S2B2C 模式的优势，如图 6-10 所示。

S2B2C模式：
是从产业角度革新行业，
从行业角度革新企业，
这就是降维打击的一种。

图 6-10　S2B2C 模式的优势

3. 卖项目的商业案例

案例 1：贝壳、e 袋洗、土巴兔整合模式

卖项目就是要把 S 端做好。S 端要做三件事，如图 6-11 所示。

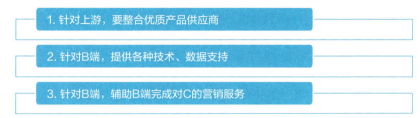

1. 针对上游，要整合优质产品供应商

2. 针对B端，提供各种技术、数据支持

3. 针对B端，辅助B端完成对C的营销服务

图 6-11　S 端要做三件事

我们先来看看都有哪些企业在实践这种模式，他们又做得怎么样呢？如表 6-1 所示。

表 6-1　S 端理论及实操案例

S 端要做的事情			实操商业案例						
			肆拾玖坊	贝壳找房	云集	OYO	百果园	土巴兔装修	e 袋洗
针对上游	整合上游优质产品供应商	统一供应链	√	√	√	√	√	√	√
针对 B 端	提供各种技术、数据支持	统一 SaaS	√	√	√	√	√	√	√
	辅助 B 端完成对 C 的营销服务	营销帮扶	√	√	√	√	√	√	√
		招商运营	√	√	√	√	√	√	√
		业务流程	√	√	√	√	√	√	√
		分配模式	√	√	√	√	√	√	√
S2B2C 的三大规模优势：品质保障（集中采购）、数据智能（及时根据市场反馈做出调整）、网络协同（经验快速总结萃取）									

把 S 端要做的三件事拆解开是为了大家更容易理解以下几件事。

第一，针对上游的是统一供应链，就是集中采购，可以带来价格更低和

品质更好两大优势。

第二，针对 B 端提供技术、数据支持是统一 SaaS 系统，无数个 B 端的数据都在 S 端集中，就有了数据智能的优势。对手还在一对一服务客户的时候，我们已经升维到了在多个 B 端的数据支持下来看全行业，这不就是我们前面讲的降维打击吗？

第三，辅助 B 端完成对 C 的营销服务，包括营销帮扶、招商运营、业务流程、分配模式。若是自己只开 1 家店，那经验也就仅限于 1 家店；但若是同时开了 1 万家店，一定有业绩非常突出的。有了规模优势也就完成了更方便的、更优质的经验萃取，这对同行而言是致命的打击。对手是一个 B 端在服务客户，我们是联合无数个 B 端用优中选优的方式更好地服务 C 端，这不也是我们讲的降维打击吗？

（1）贝壳

在所有房产中介在市场上厮杀的时候，贝壳给自己的定位不是房产中介，而是所有房产中介的服务者，就是所有房产中介和经纪人的 S 端，房产中介和经纪人是它的 B 端。

第一，形成生态，如图 6-12 所示。

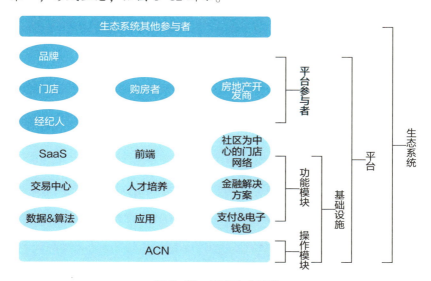

图 6-12　贝壳生态系统

第二，对 B 端的技术、数据支持。

第三，对 B 端的营销支持，如图 6-13 所示。

专业化培训	系统性竞争	标准化交易与服务
• 线下培训提高中介运营效率，为期三天的强制性入门培训+晋升培训+定制培训营；设立华侨院和资历考试； • 线上培训通过贝壳中介学院App，截至2020年6月30日提供4200多门在线音视频课程，提供直播教学与互动	• 贝壳分数：代表中介业绩和服务质量，鼓励中介在平台上更加积极主动合作； • 贝壳币：通过多种方式赚取，如各类促销活动，让中介贯彻ACN； • 信用分：鼓励诚信合作和公平竞争的机制； • 店铺资质排名系统：加入平台的中介机构需遵守的标准和程序，保持最低中介人数	• 交易促进功能：提供合同模板，中介能轻松编制合同、自动填入房产信息、系统提醒、店长+法律专员确认、系统报备； • 可视化的交易管理系统：业务和服务流程全程跟踪与管理，交易完成经店长确认后将根据中介在交易中的贡献自动分配佣金

图 6-13　对 B 端的营销支持

（2）e 袋洗

在所有干洗店都在抢客户的时候，e 袋洗把自己定义为干洗店的 S 端，干洗店就是它的 B 端。

e 袋洗商业模式解析，如图 6-14 所示。

（3）土巴兔

在所有装修公司争得你死我活的时候，土巴兔把自己定位为 S 端，把装修公司当成了自己的 B 端，如图 6-15 所示。

现在国内市场竞争白热化，各行各业都进入了整合的年代，你不整合别人就会被别人整合。S2B2C 就是当下市场上最好的整合模式。

当然，商场如战场，S2B2C 是一个可以指导所有行业的方法论，但所有人都能实践成功吗？不一定。我们要辩证地看待，有失败案例并不能代表这个模式不好，因为有很多细节都要做到位。但有各个行业的最佳实践，

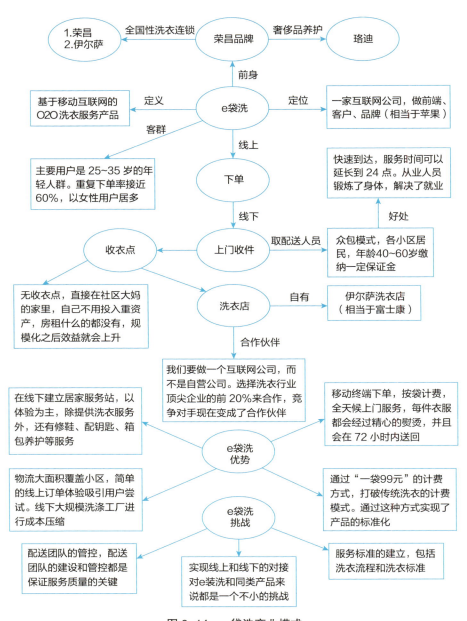

图 6-14　e 袋洗商业模式

我们作为创业者就有机会达成，只要把细节考虑到位，就有机会在这个年代逆袭。

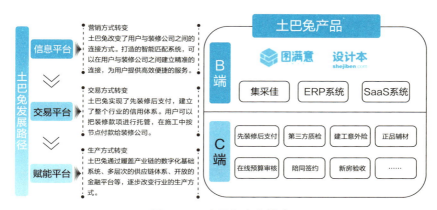

图 6-15　土巴兔商业模式

案例 2：彭山庄园

问你一个问题，若你手里有一个 3000 亩的风景区，但这个景区是完全原始、荒芜的，请问你如何做能把这个景区做到年入几千万元以上、客流量几十万人以上？

有一个老板，自己一毛钱都没有花，就实现了从荒芜到年入几千万元，他就是彭山庄园的创始人刘连华。看完他的七步操作流程，你会为之惊叹。

（1）没有设施怎么办？

客户要来旅游，总得有旅游的设施吧，景区内的一个 2000 亩的湖面就是最好的风景卖点。卖什么呢？游客从哪里来呢？

刘连华想到了一个一箭双雕的计划，他找到了 10 个旅行社，说我这个景区非常有发展前景，最有吸引力的就是湖面，所以我们决定采购游轮。为了跟大家一起赚钱，一个游轮 300 万元，只要你们每家出资 30 万元，我就给你们 10 年的免费试用权，运营得好，旅行社不到一年就能回本，以后就是净赚。旅行社一听，肯定愿意参与。

这样刘连华不仅免费解决了景区游乐设施的问题，还借旅行社的端口为景区带来了无限的客流。

（2）没有住宿场所怎么办？

游客来了要解决住的问题，难道景区要自己建酒店吗？绝对不会，这样资金压力太大了。刘连华采用了一个非常讨巧的做法，把景区 3000 亩地以一亩为一个单位分成 3000 份租给游客，期限为 30 年，租金为 30 万元。

游客为什么愿意出钱呢？

首先，景区允许你在自己租赁的土地上建不超过 50 平方米的小木屋，这个小木屋 30 年的所有权都归游客。小木屋你可以自己建，也可以花钱委托景区来建。

其次，游客肯定会质疑，我又不是天天在这里住，这笔钱投得不划算，这时候景区就会告诉你解决方案。游客身为建造者，可以每年享受 2 个月的小木屋免费居住权，剩下的 10 个月由景区代为打理，对外出租。租金的比例跟游客分成，就是这笔钱游客还可以赚回去。

游客又担心，万一入住率不理想怎么办？景区除了小木屋的利润，每年还返还建造者 1 万元，分 30 年返还完。

这就是净赚的生意呀，理所当然地就吸引了诸多游客的投资。

（3）没有吃饭的地方怎么办？

游客来总归是要吃饭的，住宿的小木屋可以众筹，那去餐厅不频繁的游客肯定就不愿意众筹了。那就要找合适的群体，刘连华就找到在餐厅打工的员工，说你们可以投资这个餐饮，做老板享受分红总比一辈子打工强。餐厅的供应商、流量大的客户等都是餐厅的众筹对象，短时间内餐厅就筹到了 250 万元。吃饭的地方又免费建成了。

（4）其他的旅游设施怎么办？

旅游设施不能只有游轮，其他的怎么办？依然花别人的钱来解决。比如彭山庄园摩天轮的投资需要 50 万元，刘连华就找投资方谈，你来做外来投资者，独立运营，钱你来投，5 年内和景区按比例分成，5 年后摩天轮归景区所有。

当然，5 年后你还可以继续投资，继续按照比例分成。这样一个个旅游设施就又免费建了起来。

（5）景区后续怎么盈利？

首先，这样的模式是绝对赚钱的，因为庞大的现金流会进入老板的口袋，这里可以畅想的空间会很大。

其次，只要流量起来了，生意赚钱就是自然而然的事情。

拿彭山庄园的两个项目来举例。

第一，彭山庄园有自己的农产品。当然肯定不能是一件一件卖，这样收钱太慢了。彭山庄园采用的模式是游客交 23800 元，彭山庄园会给游客 10 年的大米。

只要你在彭山庄园买了大米，不仅每个月给你免费配送，而且给你门票减免。

大家不要小看这个 10 年的锁定，10 年内每次邮寄大米到客户家就是一次二次成交的机会，试问一个普通企业若想拥有 10 年的客户黏性，得花多大精力？

彭山庄园的做法是每次给游客邮寄大米还附带赠送客户其他农产品的样品，只要客户看中样品，复购就变得极其简单。这个生意最少能做 10 年。

第二，有客户一开始不想买农产品怎么办？我们说最好的销售模式就是高频、低价、刚需，这样生意才能真正持久。彭山采用的方式就是绕着圈让游客变成高频、低价、刚需的消费群体。

彭山庄园发起了一个活动，叫"认购一棵树"，一共发行了 5000 张认购券，1 万元一张。认购树后，可以终身免景区门票；子孙还可以继承这棵树，这一下子就把家族荣誉感激发出来了。反正景区大得很，树可以随便栽，但给游客的价值体会不一样，游客会感觉跟这棵树有一种情感的关联，有些游客就会认为这比单纯买点吃的有价值多了。

彭山庄园会放弃让客户买农产品吗？当然不会。只要你认购了树，彭山庄园就免费送你一万元农庄的农产品，还分批次地邮寄给你，免费的肯定愿意要了。吃着吃着，吃出感情后就又成长期消费了。

（6）品牌对外怎么扩展？

仅仅在众筹圈玩，虽然不缺客户，但影响力还是小了些，怎么扩大品牌影响力？

办活动，因为活动自带传播和宣传功能。彭山庄园就开始办周末彭山游、彭山约饭、端午屈原祭祀大典，时不时地还搞诗歌、散文、摄影比赛……

这样不仅仅黏住了老客户，关键是还会吸引源源不断的新客户，这样的模式运作下来，彭山永远不再缺客户。

（7）仅仅是这些吗？

你认为彭山庄园的发展仅仅是这些吗？当然不止了。只要在一个地区用这个模式玩好了，在全国就可以复制此模式，就像复制到全国的宋城演艺一样。创始人刘连华的目标是在全国建 300 家高品质农庄，现在部分地区已经在启动中，未来有无限可能。

第三节

模式营销：从卖模式到卖股权吸引人才、吸引资金

从卖模式到卖股权吸引人才、吸引资金是企业发展策略的一种转变。通过独特的商业模式吸引市场和消费者，再通过股权融资引入资金和人才，推动企业实现更快速、更稳健的发展。

1. 创业方式：常规路径和逆向思考

为了自上而下整合更多商业资源为企业所用，创业有两种方式可以走。

第一种是常规路径。用自己长年累月攒下的一笔钱先去雇佣业务员，业务员通过拜访、电话等方式去找市场上的客户，然后把客户变成会员、会员变成股东、股东变成合伙人。这种方式是自下而上的，大家可以思考一下有多少人的创业之路是这样走的？答案是前些年的绝大多数。

第二种是逆向思考。自己决定创业，然后先找到合伙人，再把合伙人变成股东，再让股东去招会员，再让会员去找客户。这种方式就是自上而下。

现在每个行业的老板都感觉挣钱越来越难了，其实不是现在挣钱越来越难了，而是之前挣钱太简单了。曾经的年代，只要敢闯敢干，只要敢为他人之不敢为，就能挣到钱；现在商业环境越来越复杂，创业从对老板个人的要求变成了对整个团队的高标准要求，有一整套商业逻辑的创业者才能成为当下创业界的翘楚。

过去只需要一个老板带着一群员工奋斗，现在需要的是一个老板带着一群老板"上阵"。

（1）何为自上而下？

"自上而下"是一个描述事物或过程从高层次到低层次、从整体到局部的顺序或方法的词汇。它通常用于描述决策、规划、组织或管理等的过程，意味着先考虑全局和整体，然后逐步深入细节和具体执行层面。

在项目管理中，"自上而下"的方法通常意味着从项目的整体目标出发，制订总体计划，然后逐步分解任务，分配到各个部门和人员。这种方法可以使项目的整体目标和各个部分的目标保持一致，避免出现局部优化而全局受损的情况。

在决策过程中，"自上而下"的方法通常意味着先由高层领导制定总体策略和方向，然后逐步向下传达给各级员工，以确保整个组织的行动一致。这种方法可以确保组织的决策能够反映全局利益和长远目标。

总之，"自上而下"有助于确保事物或过程的整体性和一致性。

（2）自上而下的价值何在？

自上而下的价值何在？自上而下的方法在许多领域中都有其独特的价值。

①成本降低，效率提升

用逆向思维看商业的逻辑。之前我们卖给客户 100 元/件的产品，每个月恨不得求着客户买。但若是一开始客户就给我们交了 10 万元的"加盟费"，这个时候我们就再也不用担心复购率的问题了。

麦当劳在中国开一家餐厅，总投资大约 300 万元，但是一家店大约可以卖 800 万元。麦当劳把一家餐厅开起来，把餐厅经营好，再把整个餐厅卖出去，每家餐厅能赚 500 万元。这说明麦当劳不是靠卖汉堡赚钱，而是靠卖汉堡店赚钱。

就像有的人做面包，思考的是如何卖面包，而麦当劳思考的是如何卖面包店。卖面包的就是个体户；卖面包店的就是企业家；卖面包公司的就是资本家。不管你卖的是面包、面包店，还是面包公司，本质是一样的，但是收益却有天壤之别。

②资源汇集，成功转型"富二代"

创业者要把公司变成"富二代"，需要哪些"富一代"们呢？

第一，有资源的人。设想一下你在中国若是能搞定 5000 个老板，每人都成为你的"付费"合伙人，你还有什么资源搞不定？

第二，有资金的人。若你手里有 50 万元，创业时只会畏首畏尾、瞻前顾后，不是你不懂得时机的重要，是时机来了你没有实力把握，所以只能"变怂"，手里没钱让你不敢有底气。若是有 50 个人，每人给你投 20 万元，共 1000 万元的资金，你就会有更高的眼界，也能抓住更大的机会。

第三，有能力的人。你花钱雇 20 个员工，每个员工每月总成本 1 万元，一个月就是 20 万元，一年就是 240 万元。这群人天天计划着如何从老板口袋里掏出更多的钱。你找到了 7 位有能力的人说服他们跟你一起创业，共享未来，这帮人会天天谋划着怎样从市场上搞来更多的钱，好让自己也赚到钱。

有些企业因为股权激励做得好，充满活力，而对于人力密集型企业来说，组织的活力和效率往往决定企业的发展。

海底捞人事制度的本质，就是店主选拔内部合伙人的模式。初级员工就是杂工和清洁工，中级员工就是服务员、食品安全员，高级一点的员工就是大堂经理，再高级一点就是店长。海底捞设计了一套自下而上的员工培训制度，每个员工入职开始就要进行学习。他们需要从初级杂工、清洁工做起，慢慢升级为中级员工、高级员工直至店长。

一个海底捞员工的职业目标，就是通过奋斗成为店长，而且步骤非常清晰，如图 6-16 所示。

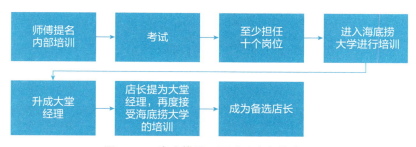

图 6-16　海底捞员工晋升为店长的步骤

也就是说，一名员工基本上四到五年就可以从基层员工变成职业经理人，最后成为店长，获得股权。但是这个晋升的过程，要层层考核并过关。海底捞每开一家新店，都要由老店长和储备店长提出申请，然后总部的教练会从储备店长中选出新店长。新店长的产生，让每一名员工看到了上升的通道和希望，这是海底捞取得成功的核心。

海底捞的市值上千亿元。仅 1% 的股权就 10 亿元，卖火锅怎么可能轻松赚这么多钱？卖股权才更赚钱，而海底捞股权之所以有价值，得益于海底捞的用人机制，这一点值得我们每个创业者学习。

2. 卖股权的好处

卖股权作为一种吸引人才和资金的策略，主要是企业将其部分所有权通过股权形式转让给投资者或潜在的合作伙伴，以此来实现资金的筹集和优秀人才的引进。

首先，通过出售股权，企业可以快速筹集到大量的资金。这些资金可以用于企业的研发、生产、市场推广等各个环节，从而加速企业的发展进程。同时，由于股权融资通常不需要定期支付利息或本金，因此企业可以在资金运用上更加灵活。

其次，股权融资还可以吸引那些对企业有信心的投资者。这些投资者不仅为企业提供资金支持，还可能为企业的战略发展、业务拓展等方面提供有价值的建议和资源。通过与这些投资者合作，企业可以进一步提升自身的竞争力和市场影响力。

最后，通过出售股权，企业还可以吸引优秀的人才。对于那些对企业未来发展有信心的投资者或潜在员工来说，持有公司的股权意味着他们将成为公司的一部分，可以共享公司未来的增长和成功。这种共享成功的机制可以激发人才的积极性和创造力，使他们更加投入地为公司的发展贡献力量。

当然，股权融资也存在一定的风险和挑战。例如，股权的分配可能影响到企业的控制权分配，需要在融资过程中进行谨慎的权衡和规划。同时，投资者对企业的期望和要求也可能对企业的运营和管理带来一定的压力。

总的来说，卖股权作为一种吸引人才和资金的策略，既有其独特的优势，也存在一定的风险和挑战。企业需要根据自身的发展阶段、资金需求和人才战略等来综合考虑是否采用这种策略，并在实施过程中进行精心的规划和管理。

3. 卖股权的商业案例

案例1：携程卖股权吸引人才

中国最梦幻的创业团队是谁？这个团队从提出创业想法到成功登陆美国纳斯达克只花了4年10个月的时间。这个团队藏龙卧虎，个个都是人中龙凤，创业时无限风光，创业后都是千亿元身价。这就是"携程四君子"——梁建章、季琦、沈南鹏、范敏。1999年5月，他们共同创建了携程旅行网。

我们来分析下"携程四君子"是如何通过自上而下快速取胜的。

（1）团队是如何组建起来的？

1999年季琦和梁建章经人介绍认识后开始燃起创业梦，梁建章懂技术、季琦懂销售和管理，但还缺一个懂财务和融资的人。于是他们就想到了沈南鹏，两人找沈南鹏一谈，沈南鹏立马心动，1999年2月22日，3人开始正式讨论创业项目，定下做旅游网站的方向。

他们很快又发现一个问题，三个人非旅游专业出身，对旅游上的事一窍不通，必须找一个很懂旅游的人。他们选中了范敏。

范敏当时在国企官居要职，不同意加入怎么办？季琦把范敏当成了客户来开发，以校友身份隔三岔五就去拜访，谈未来、谈人生、谈梦想，最终范敏同意加入。

创业之初不是先组建基层业务员团队，而是一定把上层团队先组建好，这是典型的自上而下。携程是一个找能力型股东很好的样本。

（2）没有资金怎么办？

1999年5月携程正式成立，最开始的100万元启动资金很快见底，梁建章写了10页的商业计划书，季琦找来IDG的章苏阳，章苏阳投资50万美元占股携程20%。章苏阳的原则很简单：第一是投入，第二是投入，第三还是投入。

有了明星创业团队，后续一切都顺理成章。

（3）业务推进缓慢怎么办？

虽然范敏是上海旅行社的总经理，有诸多的旅游行业资源，但卖不出携程的业务也不行。2000年初携程的业务推进很是缓慢，融进来的50万美元马上要花完。如果你是创业团队，这时候你会如何解决？组建更多的业务团队？找更多懂营销的人过来？

携程都没有这么做。

携程的解决之道再次体现了自上而下的智慧，他们的方法是：直接收购最好的酒店预订服务公司，再以此作为筹码进行新一轮融资。

当时去谈的5家公司，每一家的业务量都远远超过刚成立几个月的携程，有的公司觉得被携程收购简直就是一个笑话。但是随着季琦的紧追不舍和对携程未来的无限描画，愣是花了很少现金就收购了"商之行"和"现代运通"。

收购后，携程就成为酒店预订行业的绝对老大，因为业务体量再加上极佳的互联网故事，携程又拿到了1200万元的融资。后续直接冲上纳斯达克。

当然了，很多创业者此时会讲，我们没有"携程四君子"那样优异的条件，也找不到那样好的资源。但创业背后的逻辑是一样的，若是携程一开始先从基层业务员招起，也就没有4年上市的神话诞生了。正是因为携程是明星团队，他们的创业道路才更值得我们借鉴。

携程的创业故事完美地诠释了创业初期通过股权凝聚真正优秀的人才是件多么重要的事情。

案例2：酒店卖股权吸引资金

众筹就是向大众筹集资金。众筹的产生，主要是因为初创企业很难融资，或无力负担正规渠道高额的融资成本，不得不寻求新的融资渠道。众筹融资模式下，每个投资者只需投入少量的资金，并且不需要银行或承销商等中介机构，非常方便快捷。

比如，你投资了200万元开店，但是缺60万元资金。贷款贷不到，找朋友借款借不到，想拉一个股东也找不到人，怎么办呢？众筹，你找30个人，每人出2万元，通过众筹解决资金难题。这种众筹模式，往往是找一个人借钱借不到，找一个人入股入不了，变成找更多人入股的一种融资模式。

（1）花间堂10分钟众筹400万元

花间堂是在京东私募股权融资平台上发起的众筹，其中花间堂香格里拉店吸引了 4000 多人参与。

投资人花 2 万元就可以成为花间堂的"微股东",权益如下。

①花间堂送 1 万元的民宿消费金,之后的 7 年每年还会送 2000 元消费金; 7 年后,花间堂总部回购 2 万元本金;所以,投资人相当于不花一分钱就能免费住 7 年酒店。

②所有投资人自动成为花间堂高级会员,享受折扣和福利。

③如果民宿每年的年营收在 365 万元以上,投资人还可以享受 6% 的年化现金收益。

(2)亚朵酒店

天津小白楼店,5 小时募资超 5000 万元;西安大雁塔店,5 天募资 2109 万元。

亚朵酒店就靠着自己扎实的服务,积累了忠诚的会员粉丝,然后向会员发起众筹。方案如下。

①投 2 元的会员,能享受延迟退房服务,同时有参加抽奖的权限。

②投 399 元的会员,能免费住一次 650 元/晚的房间,同时提供免费下午茶。

③投 4999 元的会员,可获得一张价值 5000 元的消费卡,同时赠送价值 8000 元的床垫。

④投 3 万元的会员,不仅赠送床垫,而且全年能免费住酒店,酒店盈利后,本金 100% 返还。

⑤投 10 万元的会员,每年保底回报 8%,同时获得等额消费卡,也能制作附属卡送亲朋好友。

⑥一旦参与投资,不管是投 2 元还是投 10 万元,都会从普通会员自动升级成银卡会员,享受 8.8 折优惠。

下 篇

战略升维

第七章
战略引领
不谋全局者，不足以谋一域

　　"不谋全局者，不足以谋一域"这一古语深刻揭示了战略引领的重要性。企业如果想真正实现快速破局，还要在战略方面实现引领。通过明确的目标、创新的思维、深入的市场洞察、合理的资源配置以及灵活的调整能力，不断提升自身的竞争力，实现企业的长期发展和成功。

第一节

当 CGO：如何帮助企业实现快速破局

很多创业者出不了困境，并不是因为困境有多难，而是没有勇气去面对困境，接受现实，就是不承认自己已陷入困境。只有面对问题才能解决问题，遇事不怕事，想办法去解决。

笔者给自己的定位是企业首席增长官——CGO（Chief Growth Officer，简称 CGO），负责制定并推动公司整体增长战略。根据过往所有的经历，笔者认为自己最适合干好以下三件事情，如图 7-1 所示。

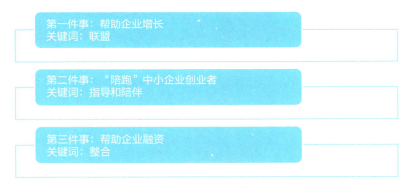

第一件事：帮助企业增长
关键词：联盟

第二件事："陪跑"中小企业创业者
关键词：指导和陪伴

第三件事：帮助企业融资
关键词：整合

图 7-1　CGO 适合干的三件事

1. 帮助企业增长

笔者接触的民营企业家特别多，发现中小民营企业家多是没有什么依靠的老板。许多企业可能局限于自身的行业和资源，难以找到有效的增长途径，与大集团不同。所以民营企业如果真的要突围，解决方案只有两个字——联盟。特别是跨行业的联盟，为中小民营企业提供了新的增长空间和可能性。

联盟就是大家联合起来，如果你依靠自己的力量，可能联合的都是本行业的，但是 CGO 能帮助企业联合各个行业的，这就是跨行业联盟策略。不仅可以打破行业壁垒，实现资源共享和优势互补，还能通过联合营销、共同开发新产品或服务等方式，开拓新的市场领域，实现互利共赢。

2. "陪跑" 中小企业创业者

很多民营企业家在这个时代挺不容易的，在这个环境瞬息万变的时代，民营企业家们不仅要应对市场的竞争压力，还要不断学习新知识、掌握新技能，以应对各种挑战。

但是，他们学习的内容杂且零碎，自己又很难把知识串联起来。他们在学习的过程中往往充满了困惑和迷茫，需要一个有经验、有智慧的人给予指导和陪伴。

3. 帮助企业融资

笔者来自上海这个金融之都，上海的投资氛围是很浓厚的。笔者在管理咨询行业待了整整 10 年，十分了解那些估值过千亿元、万亿元的企业到底是怎么运转的。

不管是围绕战略，围绕模式，还是围绕融资，核心就是两个字——整合，做无限的整合。整合不同行业的资源和人脉，为企业家提供多元化的融资渠道；整合战略、模式和融资等方面的知识，为企业提供全方位的解决方案；通过整合各种活动和平台，如招商会等，为企业家创造更多的融资机会。

第二节

定战略：有限的游戏，还是无限的游戏

其实，很多企业家不具备成熟的战略思维和战略眼光。讲了这么多年的战略，很多老板还是不了解战略到底是什么。

笔者认为，这个世界上有两种游戏，一种是有限的游戏，以短暂的取胜为目的，另一种是无限的游戏，以延续游戏为目的。那么，作为企业家，你给自己的事业的定义是有限的，还是无限的？

有的企业家看到一个机会来了，就赚一笔钱。现在是短视频的风口，比如很多企业就在抖音上赚到了钱。培训行业也有这种情况，能揽到流量的时候大规模开课，开完课之后直接撤走。

这种现象确实在当今商业环境中普遍存在，许多企业在抓住某个风口或机遇后，迅速取得成功并赚取一笔可观的利润。然而，这种"有限的游戏"思维虽然短期内可能带来收益，长远来看，却可能限制企业的发展和持续竞争力。

相比之下，笔者更倾向于倡导一种"无限的游戏"思维。这种思维强调企业的长期发展和持续创新，而不仅仅是追求短期的利润和成功。在"无限的游戏"中，企业需要不断地学习、成长和适应变化，以应对日益激烈的市场竞争和不断变化的客户需求。

有些企业家从事的是无限的游戏，就是越过这座山，还有另一座山，永远有新的目标。

平安保险创始人马明哲说的"永无止境、没有边界"，实际上是对深圳创新精神的最好诠释。在深圳这样的城市里，企业和个人都不断追求更高的目标、探索更广阔的领域，不断挑战自我、超越自我。这种精神正是推动深圳

以及平安保险不断向前发展的强大动力。

所以，大家不妨界定一下，自己的事业是哪种游戏。

第三节

创价值：到底什么才是企业家精神

到底什么才是企业家精神？现在，我们一般称呼创业者为"企业家"，哪怕有些老板的企业体量很小。

创办企业时，企业家们往往最看重钱，但是要注意理解一点，挣钱的背后是什么？是把事情做好，创造更大的价值。如果没有把事情做好，没有创造更大的价值，钱是不会凭空挣来的。

从这个角度来说，企业家精神最核心的是要为这个社会创造价值。因为商品的意义在于交换，一定是提供了一个足够好的产品，别人才会付钱。如果没有为这个社会创造价值，别人凭什么付钱，凭什么要来跟我交换呢？

1. 企业家精神

虽然笔者创业的时间不久，但是观察行业整整 10 年。一直在思考，什么是企业家精神？归纳总结了三点：第一，探索边界；第二，重构规则；第三，破局增长，如图 7-2 所示。

图 7-2　企业家精神

探索边界是企业家精神的核心要素之一。企业家们天生具备对未知领域的好奇心和冒险精神，他们不满足于现有的市场和业务边界，而是积极寻求突破和扩张。

重构规则也是企业家精神的重要体现。在市场竞争日益激烈的今天，传统的规则和秩序往往成为束缚企业发展的桎梏。

破局增长是企业家精神的最终目标。企业家们不仅追求企业的生存和发展，更致力于实现企业的快速增长和突破。其实，企业家就是在不停地突破。

真正的企业家精神，应该是孤帆远影，敢为人先，沧海桑田，激情依然。若干年过去，依然坚挺在这个市场上。

有些企业家可能是因为生计无着，实在活不下去了，被逼无奈出来创业的，这种情况下，想成功是比较难的。

另外，如果没有想好创业要做到什么程度，从现在开始白手起家，也难以成功，因为现在市场的竞争越来越激烈。这是一个新的时代，一个呼唤真正优秀企业家的时代；这是一个新的时代，一个呼唤战略家和布局者的时代。

我们都来思考一下，在自己的这个行业里，有没有不停地往前突破，有没有不停地往前开拓，有没有不停地拓展边界，让企业实现持续增长。

创业是什么？当你上了创业这条"船"，就很难下去了。

比如，一个员工在企业干了5年，工资一直在提升，第六年工资不升了。对此，公司也很无奈，市场压力太大了，公司撑不住。但从员工的角度来考虑，则是"工资不能再升，我就撤了"。

当企业得不到进一步发展，竞争对手立马就来挖人了。这就是商业的常态，不进则退。

2. 创业是无限的游戏

创业到底是一个有限的游戏，还是无限的游戏？

笔者认为是无限的游戏。

一个想要做大做强的企业，在快速增长的时候，一定要思考这个问题：

在创业这个无限的游戏里，下一个突破点到底在哪里？

巴菲特做投资，最大的一个原则就是长久。有些企业家也是这种思维，今天做的事情，一定是为明天的计划铺路。

创业最忌讳的是短视。对未来越有信心，对现在越有耐心。很多企业家之所以不笃定、不坚持，是因为对未来根本就没有信心，不知道你的未来在哪里，就容易被影响。

所以，我们必须从更大、更宏观的角度去看待问题。

如何避免短视呢？

有一个很形象的比喻：把企业当成一个孩子。

把企业当成一个孩子，它有独立的人格，有独立的发展道路。朝着这个方向去规划，虽然最开始有点难，很考量一个人的智慧和积淀，但是以后的道路就会格外平坦。

第八章
战略增长
为什么需要制定战略

　　制定战略不是为员工"画大饼"，而是领导者在面对挑战和机遇时，接受其中所包含的一切复杂的能量，并将其转化为一个清晰正确的发展方向。那么，如何制定战略呢？布局得有野心，布局也得有能力。在制定战略的过程中，企业需要同时"向外看"和"向内看"。

第一节

战略方向：选择发展战略，还是资本战略

企业的发展有两条道路，一条是靠发展来驱动，另一条是靠资本来驱动。发展战略的核心是靠业务来驱动；资本战略的核心是靠钱来驱动。

什么是发展策略？

某企业生产设备，不停地卖设备。今年卖了设备，赚了 200 万元，然后把 200 万元立马投产，再买更多制造设备的原材料进来。明年卖设备赚了 1000 万元，再拿 1000 万元去建个厂。后年卖设备赚了 3000 万元，这 3000 万元再拿去扩建厂。就这样，把赚来的钱不停地投下去，企业发展起来了。

这就叫做发展战略。就是随着业务的扩充，营业额和利润变得越来越大。

什么叫做资本战略？我们来看京东，其创始人喊的口号是"京东不设盈利日期"，很多互联网企业都喊着这样的口号，比如阿里。很多企业根本不是靠业务驱动的，而是靠资本不停地投入来驱动的，随着钱越来越多，经营的手段和方式将会与之前截然相反。

装修漆料行业有很多上市公司，背后有巨大的资本。像三棵树、多乐士等上市公司想进军防水材料产业。一桶防水材料，成本价 20 元，想抢占市场的企业亏本卖，只卖 15 元。使其他企业难以生存。

经过竞争，80% 的防水材料企业倒了，接下来资本就会制定市场规则，掌控行业。

有些企业的成功完全是依靠丰厚的资金砸出来的。比如一家福建的风电企业，国家大力支持它的发展。成立 10 年以来没赚过钱，但是它的估值可达几百亿元。

企业的战略实操有很多种，可以做主业，可以做本地组合，可以整合上游和下游，其背后的逻辑只有一个——资本战略，核心是靠钱来驱动。做好布局，沉下心来，一击即中。这就是资本战略的威力。

有些企业是适合发展战略的，这种企业通常是隐形的冠军。比如，它在某一个细分的赛道，做到全球第一。但是，绝大多数企业想成功，还是要动用一些资本的力量。

第二节

创新精神：选择技术创新，还是模式创新

企业家精神的核心是不停突围的精神，也就是创新精神。如果不能为企业寻找创新点、突破点、增长点，就不能算一个合格的企业领导。

如果你过去攒了很多的财富，现在不想努力了，也不想带着企业再去看下一个高峰了，那么可以转型做投资人。

如何才能做到持续创新？有两种方法。

商业世界的两种创新方式，一是技术创新；二是模式创新。通过创新，不停地引领企业的发展，乃至引领整个产业的发展。

什么叫技术创新？我们从宏观的角度来看，近代人类共经历了 4 次工业革命。第一次工业革命以蒸汽机的广泛应用为标志。第二次工业革命是以电力的大规模应用为标志，人类迎来了电气时代。第三次工业革命的标志就是电子计算机、原子能、空间技术和生物遗传工程的发明和应用，人类迎来信息时代。当下正经历着第四次工业革命，风口之一就是算力。民营企业要想在商业领域完成技术创新，唯有自强。什么叫划时代的创新？就像乔布斯一样，之前没有智能手机，他就推出了手机苹果。

什么叫模式创新？弗雷德里克·温斯洛·泰勒最先提出了科学管理的概念。

什么叫科学管理？

一个生产麦克风的厂家，所有零部件都自己生产，非常耗时耗力。但是泰勒的理论则与这种情况不同，随着社会的不断发展，社会分工分化，大家可以互通有无。

同样是生产麦克风，不同的零部件由不同的厂家生产，各个零配件做好了之后，有厂家专门负责组装，这就是应用了泰勒的科学管理理论。目前，这一理论在生产流程上应用得很普遍了。

继泰勒之后，还有一位学者在管理学方面取得了成就，就是彼得·德鲁克。

彼得·德鲁克被誉为"现代管理学之父"。其实他研究的也是模式，包括矩阵型组织、扁平化管理。但这些都叫创新，管理企业的人不得不去思考这些。

其实，彼得·德鲁克更多地关注企业的内部，后来我们发现企业的内部"卷"不出成绩了。内部成本已经降下来了，再怎么努力干，给企业带来的增长也变得越来越少了，为什么？

一个很大的原因就是，现在的竞争更多的是在外部，而非内部。这时，杰克·特劳特提出了新的理论——定位理论。用通俗的话来解释定位理论，当客户想买产品的时候，首先想到的就是你的品牌，你的品牌就成功了。

随着经济的发展，定位理论也不再好用。

20世纪80年代，市场供给小于市场需求，生产出来产品，就有人买。到了90年代，市场供给和市场需求是平衡的，市场供给远远大于市场需求。同时，信息发达，按照特劳特的定位理论，信息越泛滥，越需要定位，越需要吸引大家的注意力。然而，如今想要吸引消费者注意力，非常难。

过去，获取信息的渠道较少，投放广告方式单一且效果显著。如今，获得信息的渠道变多，投放广告变得困难。

解决方法是什么？布局。

布局相当于你在纷繁的信息当中，画出自己的路线图。知道所有的坑，知道所有的卡点，也知道所有的拐点。走哪条路，不走哪条路，心里门儿清。心志坚定，战略清晰。

第三节

战略布局：做越大的生意，越不需要花自己的钱

如何布局？既要长远，也要有布局的能力，两个点缺一不可，如图 8-1 所示。

图 8-1　如何布局

1. 布局要长远

为什么必须得有野心？因为不停地前进，才是企业家精神。

商业有两个关键点：投资和盈利，它们分别对应了花钱和赚钱，如图 8-2 所示。

图 8-2　商业的两个关键点

首先是花钱。做越小的生意，越需要花自己的钱；做越大的生意，越不需要花自己的钱。做小生意，利润不够诱人，吸引不了投资人的注意，就只能花自己的钱来周转；做大生意，利润足够多，就会有投资人为你花钱。

不要将自己困在舒适区里，要有野心，才会有后来的行动。

然后是赚钱。假如你开了一家理疗馆，只有一个门店，能赚哪些钱？只能赚产品差价和手工费而已。假如你在全国开了 1 万家连锁店，就可以赚到加盟费、技师培训费，与原材料的厂家讲价。

如何使布局更长远？应该具备三种思维：全局思维、终局思维、全知思维，如图 8-3 所示。

图 8-3　布局的三种思维

（1）全局思维

全局思维就是"看完地图再走路"。例如，爬一座高峰，有两种方式，第一种是顺着已经有的路去爬，和别人走相同的路。有很多民营企业的老板就是这么做的。创业之前，有朋友给你提了建议，你就不加思考地采纳了。第二种就是在爬山之前，先坐飞机俯瞰一下，花很长的时间把路线都画下来，分析哪个是最快的路径，再选择最快的路径向上爬。

事实上，能够获得成功的一定是选择第二种方式的人。第一类人或许也能获得成功，但多半是因为运气。有一句戏言叫"凭运气赚到的钱，凭实力亏掉"，说的就是这种情况。

具有全局思维的人，能看到事情的全貌，看到驱动事情发生的因素是什么。如果没有全局思维，就像盲人摸象，失败而不自知，反而将过错推给外界因素。

如何"画地图"？既要"向外看"，又要"向内看"。

华为在制定战略时会运用"五看三定"模型，如图8-4所示。

五看：看行业/趋势、看市场、看客户、看竞争、看自己。

三定：定控制点、定目标、定策略。

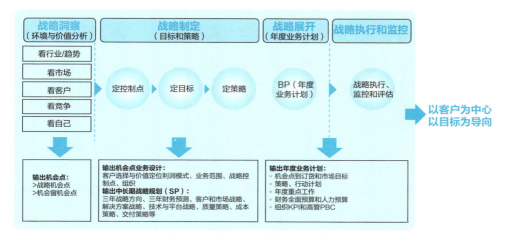

图8-4　华为"五看三定"模型

笔者将华为的"五看"改为了"六看"，又细分为向外看和向内看。向外看分为看宏观、看产业、看市场、看标杆、看客户；向内看就是看自己。"六看"更适用于中小民营企业。

第一，看宏观。

很多老板会认为宏观经济和自己无关，那么，宏观真的不重要吗？

我们来看一家企业——复兴国际，这家企业厉害在哪里？

复星国际围绕三个要点搭建产品链条：健康、快乐、富足。健康包括医药产品、医药服务及健康管理；快乐包括旅游及休闲时尚体验式产品和服务；富足包括保险、金融、投资。在全球范围内运作，吸引投资，采取并购手段搭建起整套体系。

复星国际不只关注中国的宏观经济，还研究全球的宏观经济。当欧债危机全面爆发，葡萄牙面临严重的债务危机，失业率高达17%，复星国际在这时收购了葡萄牙最大保险公司80%的股份和最大的医疗服务集团，后来还入股了葡萄牙最大的私人银行。复兴国际一举成为葡萄牙投资规模最大、影响最广的中国企业之一。

如果不研究宏观经济，只是凭感觉判断投资以后的涨跌趋势，就会陷入迷茫，不知道在什么时机进场。

复兴国际尝试开发新药，屡战屡败，屡败屡战，投入十年没有盈利，后来国家发布了产业政策，他们才赚得盆满钵满。如果看不到未来的趋势，没有做出国产药将会替代进口药的判断，复兴国际就不会有现在的成功。

研究宏观经济还包括研究资本周期，借资本的潮起潮落，顺势而为，什么时候在A股上市，什么时候在港股上市，这些时机都需要把握。有些企业上市的节点没有把握好，股价就起不来。

第二，看产业。

看产业，就要看上游、中游和下游是什么样的关联。从上游一直到下游，它是一个不停地提供价值、传递价值的过程。商业就是创新，创新就是创造价值。

从下游回溯到上游，是一个获取资金的过程。资金流通常会从下游流向上游。为什么我们经常讲"渠道为王"？因为增加了渠道就像河流增加了支流，最终回溯到上游的资金流就会增加。

通过上游、中游、下游看产业链，这样有什么好处呢？

有助于拓宽视野，看到更多的"赛道"和机会。

一家做全屋定制的公司，可能只看到定制这个环节。如果往下游看，就能看到全屋智能；如果再往上游看，可能会看到柔性产业生产线，以及迭代升级的趋势。

第三，看市场。

首先要看国内市场还有多大的空间，如果国内市场没有空间了，再看国际市场还有没有空间。

如果你要进入国际市场，是去发达国家，还是去发展中国家？首先去哪个国家的市场发展？未来主要去哪个市场发展？这些都是老板们需要考虑的。

国内的手机市场已经足够"卷"了，oppo、vivo、小米、华为等占据了绝大部分的市场份额。但是，去了海外的传音，依然可以"搅动风云"。

第四，看标杆。

这一点对应了华为的"五看三定"模型中的"看对手"，为什么要这样改呢？

为什么是看标杆，而不是看对手？因为在一个体量较小的行业里，对手不一定值得学习。华为在自己的领域里已经做到全球前列，所以有必要去看对手。

所以，如果想进入一个行业，首先要看这个行业的标杆。从技术、市场打法，到团队、薪酬机制、战略等。

第五，看客户。

要知道自己的客户是谁。通过深入了解客户，企业可以更有针对性地制定产品或服务策略，更有效地进行市场推广，从而提高客户满意度和忠诚度，最终实现业务增长和盈利。

第六，看自己。

看自己有三个关键点。第一，我的产品还可以服务哪些行业？第二，我还可以服务客户的哪些需求？第三，我的能力还可以在哪些地方应用？

首先，我的产品还可以服务哪些行业？

一家做温度计的公司，最开始面向 C 端客户售卖，后来直接应用到了工业领域，这是完全开辟了一个新的市场。

一家公司一开始做手机屏保护膜，后来发现手机屏保护膜的需求量下降，于是开发新能源电车车身保护膜。

只要找到了新的赛道，业绩都是翻倍地增长。

其次，我还可以服务客户的哪些需求？这决定了你能在客户身上赚到多少钱。比如，复星国际的"健康、快乐、富足"，把客户的需求全部覆盖。很多人都在尝试做这些事情，服务客户尽可能多的需求。

最后，我的能力还可以在哪些地方应用？比如，我有开连锁店的能力，是不是除了开这家店，还可以开别的店？

看自己，就是要提炼自己的关键能力。

（2）终局思维

有全局思维，还要有终局思维。终局思维就是预测企业的最终形态。可以这样思考："终其一生，我要把企业做到什么程度，传承多久？"

"不见登天路，不迈第一步。"如果知道自己未来会在何处失败，就一定要采取措施避免。如果不去预测未来的发展形势，盲目迈出第一步，一定会出现问题。

做生意，两年后失败跟现在失败没什么区别。所以要考虑好以下几点：谁是我们的敌人？谁是我们的朋友？你能帮助多少人走向成功？你的天花板在哪里？

（3）全知思维

全知，就是要升维思考，降维打击。低维的问题，只有在高维才能寻找到解决答案。千万不要把自己的视角困在自己的公司之中，身在公司之中，心在公司之外，做设计规则的那个人。

有的老板卖产品，赚差价。我们就办连锁加盟，卖创业机会。再向上升维，我们还可以做投资人。随着维度越来越高，有越来越广阔的天地。

如果你现在已经深陷泥沼，就尽量站在更高的维度思考，反思失败的原因，怎样通过外部的力量脱离泥沼，千万不要盲目坚持，没有意义。

要想具备全知思维，学会升维思考，就要有进取心。定位决定站位，更决定未来的地位。如果甘心平庸，那就难以成功。

升维同样适用于对待客户，将普通客户拉拢为忠实会员，进而成为合伙人甚至是股东，这些都是有可能的。

2. 布局得有能力

要想布局，仅仅有野心还不够，还得有能力。比如制定战略的能力、探索盈利模式的能力、打造品牌的能力、撬动股权的能力、融资能力、维系团队的能力等。

战略的作用是引爆增长，找到破局之法。

要想使企业的利润实现指数级增长，就要不断探索盈利模式。

品牌可以为你的企业带来长久的好处，因为它存在于消费者的心智之中，所以会越来越值钱。比如可口可乐，哪怕有一天它的工厂不复存在，也依然会被消费者记住。

经过合理布局，可以使用更少的资金撬动更多的股权，实现杠杆增长。

融资得当可以实现整合增长。要想跟别人产生合作，最简单的方式就是通过钱发生链接。

维系团队可以实现内生增长，天时地利人和，人和是相当重要的。

极简体系

极简集团

极简新媒体　　　　极简增长　　　　极简资本

自营IP　合作项目　泽商书院　增长陪跑　板块咨询　森龙极简　莱美极简　天巡极简

愿景

赋能10万家民营企业，成就1000个10亿元企业

使命　　　　　　　　　　定位
助力企业实现极简增长　　　　驻企增长陪跑开创者

价值观　　　　　　　　　　　　经营理念
以客户为中心　　　　　　　　系统 深度 落地 有效
以结果为导向
坚持长期主义
超越永无止境

极简增长

陪 伴 这 个 时 代 最 有 梦 想 的 企 业 家

引爆成长工具箱

工具一：任正非《致新员工书》

文化黏合全体员工团结合作，走群体奋斗的道路。有了这个平台，你的聪明才智方能很好发挥，并有所成就。没有责任心、缺乏自我批判精神、不善于合作、不能群体奋斗的人，等于丧失了在华为进步的机会，那样你会空耗了宝贵的光阴。

公司管理是一个矩阵系统，运作起来就是一个求助网。希望你们成为这个大系统中一个开放的子系统，积极、有效地既求助于他人，同时又给予他人支援，这样你就能充分地利用公司资源，你就能借助别人提供的基础，吸取别人的经验，很快进入角色，很快进步。求助没有什么不光彩的，做不好事才不光彩，求助是参与群体奋斗的最好形式。

实践是你水平提高的基础，它充分地检验了你的不足，只有暴露出来，你才会有进步。实践再实践，尤其对青年学生十分重要。只有实践后善于用理论去归纳总结，才会有飞跃的提高。要摆正自己的位置，不怕做小角色，才有可能做大角色。

我们呼唤英雄，不让雷锋吃亏，本身就是创造让各路英雄脱颖而出的条件。

雷锋精神与英雄行为的核心本质就是奋斗和奉献。雷锋和英雄都不是超人，也没有固定的标准，其标准是随时代变化的。在华为，一丝不苟地做好本职工作就是奉献、就是英雄行为、就是雷锋精神。

实践改造了，也造就了一代华为人。"你想做专家吗？一律从基层做起"，已经在公司深入人心。一切凭实际能力与责任心定位，对你个人的评价以及应得到的回报主要取决于你的贡献度。在华为，你给公司添上一块砖，公司给你提供走向成功的阶梯。希望你接受命运的挑战，不屈不挠地前进，你也许会碰得头破血流，但不经磨难，何以成才！在华为改变自己命运的方法，只有两个：一是努力奋斗；二是做出良好的贡献。

公司要求每一个员工，要热爱自己的祖国，热爱我们这个刚刚开始振兴的民族。只有背负着民族的希望，才能进行艰苦的搏击，而无怨无悔。我们总有一天，会在世界舞台上占据一席之地。但无论何时、无论何地都不要做对不起祖国、对不起民族的事情。不要做对不起家人、对不起同事、对不起你奋斗的事业的人。要模范遵守所在国家法规和社会公德，要严格遵守公司的各项制度与管理规范。对不合理的制度，只有修改以后才可以不遵守。任何人不能超越法律与制度，不贪污、不盗窃、不腐化。严于律己，帮助别人。

你有时会感到公司没有你想象得公平。真正绝对的公平是没有的，你不能对这方面期望太高。但在努力者面前，机会总是均等的，要承受得起做好事反受委屈。"烧不死的鸟就是凤凰"，这是华为人对待委屈和挫折的态度和挑选干部的准则。没有一定的承受能力，今后如何能做大梁？其实一个人的命运，就掌握在自己手上。生活的评价，是会有误差的，但绝不至于黑白颠倒，差之千里。要深信，是太阳总会升起，哪怕暂时还在地平线下。你有可能不理解公司而暂时离开，我们欢迎你回来。

世上有许多"欲速则不达"的案例，希望你丢掉速成的幻想，学习日本人踏踏实实、德国人一丝不苟的敬业精神。现实生活中能把某一项业务精通是十分难的，你不必面面俱到地去努力，那样更难。干一行，爱一行，行行出状元。你想提高效益、待遇，只有把精力集中在一个有限的工作面上，不然就很难熟能生巧。你什么都想会、什么都想做，就意味着什么都不精通，做任何一件事对你都是一个学习和提高的机会，都不是多余的，努力钻进去，兴趣自然在。我们要造就一批业精于勤、行成于思，有真正动手能力和管理能力的干部。机遇偏爱踏踏实实的工作者。

公司永远不会提拔一个没有基层经验的人做高层管理者。遵循循序渐进的原则，每一个环节对你的人生都有巨大的意义，你要十分认真地去对待现在手中的任何一件工作，十分认真地走好职业生涯的每一个台阶。你要尊重你的直接领导，尽管你也有能力，甚至更强，否则将来你的部下也不会尊重你。长江后浪总在推前浪。要有系统、有分析地提出你的建议，你是一个有文化者，草率的提议，对你是不负责任，也浪费了别人的时间。特别是新来者，不要下车伊始，动不动就哇啦哇啦。要深入、透彻地分析，找出一个环节的问题，找到解决的办法，踏踏实实地、一点一点地去做，不要哗众取宠。

为帮助员工不断超越自我，公司建立了各种培训中心，培训很重要，它是贯彻公司战略意图、推动管理进步和培训干部的重要手段，是华为公司通向未来、通向明天的重要阶梯。你们要充分利用这个"大平台"，努力学习先进的科学技术、管理技能、科学的思维方法和工作方法，培训也是你们走向成功的阶梯。当然你想获得培训，并不是没有条件的。

物质资源终会枯竭，唯有文化才能生生不息。一个高新技术企业，不能没有文化，只有文化才能支撑她持续发展，华为的文化就是奋斗文化，它的所有文化的内涵，都来自世界的、各民族的、伙伴的……甚至竞争对手的先进合理的部分。若说华为有没有自己的核心文化，那就剩下奋斗与牺牲精神算我们自己的吧！其实奋斗与牺牲也是从别人那里抄来的。有人问我，你形象地描述一下华为文化是什么。我也不能形象地描述什么叫华为文化，我看了"可可西里"的电影，以及残疾人表演的"千手观音"后，我想他们的精神就叫华为文化吧！对于一个新员工来说，要融入华为文化需要一个艰苦过程，每一位员工都要积极主动、脚踏实地地在做事的过程中不断去领悟华为文化的核心价值，从而认同直至消化接纳华为的价值观，使自己成为一个既认同华为文化，又能创造价值的华为人；只有每一批新员工都能尽早地接纳和弘扬华为的文化，才能使华为文化生生不息。

华为文化的特征就是服务文化，谁为谁服务的问题一定要解决。服务的含义是很广的，总的是为用户服务，但具体来讲，下一道工序就是用户，就是你的"上帝"。你必须认真地对待每一道工序和每一个用户。任何时间、任何地点，华为都意味着高品质。希望你时刻牢记。

华为多年来铸就的成就只有两个字——诚信，诚信是生存之本、发展之源，诚信文化是公司最重要的无形资产。诚信也是每一个员工最宝贵的财富。

业余时间可安排一些休闲，但还是要有计划地读些书，不要搞不正当的娱乐活动，为了你成为一个高尚的人，望你自律。

我们不赞成你去指点江山，激扬文字。目前，在中国共产党领导下，国家政治稳定、经济繁荣，这就为企业的发展提供了良好的社会环境，我们要十分珍惜。21世纪是历史给予中华民族一次难得的振兴机会，机不可失，时不再来。

"21世纪究竟属于谁"，这个问题的实质是国力的较量，国际的竞争归根到底是在大企业和大企业之间进行。国家综合国力的增强需要无数大企业组成的产业群去支撑。一个企业要长期保持在国际竞争中的优势，唯一的办法便是拥有自己的竞争力。如何提高企业的竞争力，文章就等你们来做了。

希望你加速磨炼，茁壮成长，我们将一起去托起明天的太阳。

工具二：公司大爱基金

一、"公司大爱基金"的实施目的

公司董事会及总裁办秉承大爱天下的崇高境界，秉承"传承中华姓氏力量，让每个家庭都有优秀的家风文化而不懈努力"的使命。月有阴晴圆缺，人有旦夕祸福，特别针对我们整个公司内部员工，在特定、特殊意外情况之下我们内部同仁可能需要协助，故成立"公司大爱基金"，基金将用于援助所有同仁。

如：真正帮助因突发疾病、突发事故而造成生活、工作困难，特别需要救助的同仁。体现出大爱胸怀及对每一位同仁不抛弃、不放弃、爱与支持的团队精神。

二、"公司大爱基金"的组织架构

"公司大爱基金"管理委员会理事长：×××

"公司大爱基金"管理委员会执行理事长：×××

"公司大爱基金"管理委员会执行副理事长：×××

"公司大爱基金"管理委员会秘书长：×××

"公司大爱基金"管理委员会财务：×××

"公司大爱基金"管理委员会委员：×××

三、"公司大爱基金"的资金来源

1. 公司全体同仁的捐赠。

2. 公司营业额：0.1%。

3. 集团总部以及各分公司、各部门"乐捐箱"的捐赠。

4. 同仁家属、亲友的自愿捐赠。

5. 其他渠道的捐赠。

四、"公司大爱基金"的救助对象

对象：生我者、我生者、我以及另一半。

1. 个人突发重大疾病，且个人和家庭的确经济特困的（必须有县、区级以上的病历、诊断等相关证明或符合国家职工大病医疗保险所承保范围内的大病）。

2. 困难家庭突发事故的。

3. 特困家庭同仁直系亲属丧葬的。

4. 因国家自然灾害，导致同仁家庭受灾严重的。

5. 其他特殊事件，经各分公司报基金管理委员会讨论通过的。

五、"公司大爱基金"的资助形式

1. 组织提名。

2. 个人申请。

六、"公司大爱基金"的申请程序

组织推荐（同仁所在公司人力资源部和同仁所在部门负责人提出，经该公司经理以上人员一起讨论通过，由总经理向基金管理委员会推荐）或个人书面申请（经所在公司经理以上人员讨论通过）。

七、"公司大爱基金"的发放标准（参考）

1. 在职同仁个人突发疾病需住院治疗的 500~5000 元。

2. 在职同仁困难家庭突发事故的 800~6000 元。

3. 在职同仁直系亲属丧葬的 500~3000 元。

4. 在职同仁因国家自然灾害，家庭受灾的 1000~5000 元。

5. 其他特殊事件，经各分公司报基金管理委员会讨论认定通过的。

6. 以上资助标准根据受助者实际情况经基金管理委员会调查情况属实进行资助，需特定支持者经基金管理委员会全票通过，报请理事长，在最高上限的基础上可适当增加资助标准。

八、"公司大爱基金"的申请资格

符合"公司大爱基金"实施规定第四条的所有同仁。

九、"公司大爱基金"的资金管理

1. 集团现已新建立一个专用账号。

2. 所有款项由基金委员会负责管理，由董事会负责监管。

3. 每月在启动大会上，向全体同仁公布基金专用账户的财务报表和资金去向。

4. 严格实施专款专用，任何人不得使用任何方式挪用基金账户的款项。

5. 各委员及各公司负责人有责任和义务在所领导团队内部，参照第四条款规定的方式为"公司大爱基金"进行款项募捐和弘扬真爱精神。

附：公司股东及内部同仁为"大爱基金"捐款名单

（感谢各位股东及同仁的仁爱之心，代表未来即将接受捐助的公司同仁对你的爱与支持、同仁的境界表示崇高的敬意，请在后面郑重签名并注明回款计划及首批款项支付时间，感谢你的配合！）

公司同仁及股东为"公司大爱基金"捐款名单

序号	捐款人	金额	时间	
1				
2				
3				

工具三："铁军"士气展示

士气展示共五大步骤。（台下准备）

一、台下整队教官：×××队、到（连续三遍）

二、口号跑步上台（口号可为队呼）

（台上准备）

1. 面朝观众（向左或向右）。

2. 向右看齐、向前看、稍息、立正。

3. 报数从一报到最后一位至"报数完毕"（声音大）。

4. 教官：总指挥同志，×××队参加××××应到×××人，实到××
×人，士气展示准备完毕，是否开始，请指示！

总指挥："开始！"

教官："是！"（需要加上敬礼）

三、（开始展示）士气展示，标配内容

稍息，立正，向左转，向右转，半边敬礼（两次敬礼），跨立（哈）。

我们的队名是×××队三遍（换队形），我们的队呼是……三至五遍（声
音越来越大）。

我们的使命……

我们的愿景……

我们的价值观……

我们的信条是……我们的队歌是……

摆团队 POSE 两个（POSE 要有创意、个性，每个停留 3~5 秒，要变换队
形，要有自己队伍的口号）。教官："按才艺展示队形散开！"所有人回答：
"是！"

四、（风采展示）重点主题（团队精神）

一定要清晰表现什么？想体现什么？

才艺展示标配内容：1. 创意；2. 道具；3. 音乐；4. 旁白；5. 服装
变化。

才艺展示创新内容：1. 歌曲；2. 舞蹈；3. 时装秀；4. 角色扮演；5. 情
景剧；6. 灯光；7. 哑剧；8. 与台下互动；9. 各种创新节目。

五、（展示完毕）

1. 教官：总指挥同志，×××队士气展示完毕，是否带回？请指示！
"带回！""是！"

2. 口号跑步回座。

士气展示评分标准：总分 300 分。

团队出勤 100 分（每减少一个人员少 10 分）；服装 25 分（上装 5 分、下
装 5 分、鞋 5 分、整体视觉 10 分）；队列整齐度 25 分（队列是否整齐、有
力）；创新度 50 分（有创造性、新颖、与众不同）；语气状态 50 分（声音洪
亮，坚定）；演绎分 50 分（表情投入、角色扮演）。

工具四：团队 PK 落地

一、PK 思想要统一

1. 首先必须确保公司老总及中高层的高度认可和坚如磐石的决心，不可半途而废！

2. PK 前应开管理层会议，动员主管带头，提前策划好 PK 的方式，要求下属敢于 PK！

二、PK 规则要明确

1. PK 要能成就员工。PK 能提高业绩和工作质量，更重要的是能成就员工。许多人在 PK 现场煽风点火，不切实际地刺激员工增加目标那不一定能完成。

2. PK 不是玩文字游戏，奖罚必须可操作、可监督。输：吃苦瓜、爬楼梯、打扫卫生等。赢：看电影、假期、住酒店、旅游等。

3. PK 刚开始时，原则上不超过 3 个，形成 PK 氛围后，再考虑增加。

4. 领导及干部以身作则，烘托气氛，核心领导参与 PK，与全公司 PK。

5. 提前确定好 PK 方式和 PK 项目（请参考 PK 工具箱最后）。

（1）正向 PK。

①个人 VS 个人，100：100。

②团队（部门）VS 团队（部门），300：300。

③个人 VS 领导，200：500。

④团队（部门）VS 领导，500：2000。

（2）反向 PK 必须翻倍。

举例：小王 PK 小李后，小李后面又要 PK 小王。

注意：AB 两种 PK 方式，要求同时期、同项目、同区域、同阶段。

（3）刚开始 PK 时，领导可让员工赢（故意让对方赢）。

6. PK 要讲诚信。

（1）很多领导说，这个月业绩做到第一名，让你去旅游或者放假几天，之后也没有兑现，下个月这一招就不起作用了！

（2）台上承诺不兑现，就会降低诚信，留不住人才，企业做不长。

（3）凡是自己讲的就要想办法完成。

（4）领导层以身作则，从上到下养成诚信风气，诚信文化。

三、PK 之中要造势

1. 定期公布 PK 的关键指标完成情况。

（1）每天、每周用微信、QQ 等公布每天、每周排名情况，刺激团队。

（2）上公司的宣传栏或看板，要有强烈的视觉感，让大家时刻看得到。

2. 公司 PK 宣传语（道场建设）。

（1）千斤重担人人挑，人人头上有指标。

（2）你追我赶争冠军，欢天喜地创佳绩。

（3）想被鄙视，请粗心大意；想被尊重，请拿出实力。

（4）敢于折腾，才有机会；乐于折腾，才能成功。

（5）台上有神灵，语言是圣旨。

（6）严明的纪律是业绩的保障。

3. 公司海报、文化墙的设计。

会议室张贴海报，上面展示榜样、冠军与优秀者照片，还有 PK 的规则和方式。

要有《PK 宣言》（参考前面 PK 系统）。

4. 早会、夕会、周例会、管理者会等不断宣传激励，宣扬 PK，刺激团队和员工。

四、PK 要奖罚分明

奖罚机制是 PK 之母，没有奖罚，PK 就会变成儿戏。

奖：心花怒放。奖励任何事物，比例都要合理，要激发员工内心的渴望和欲望，项目越大，欲望越大。

罚：心惊肉跳。内容要适度，项目越大，惩罚越大。

注意：很多公司执行 PK 时，不提前宣导和策划，更不找监督人，PK 大会变成惩罚创意大会，听起来可怕，执行起来兑现的时候却一笑而过！下个月又继续上演，PK 就会名存实亡。

五、PK 启动仪式和流程

PK 无处不在，一般在月度、季度、年度启动会议上。

1. 启动大会上，先兑现上个月的 PK 结果。

2. 设定 PK 目标和明确考核指标。

例如：规定业绩考核指标是"按财务到款额计算"，明确时间点，即开始时间与结束时间，有的企业甚至到最后一分钟，结果都在发生变化！

3. 正式 PK。

（1）主持人宣布 PK 正式开始（PK 音乐响起）下面四种方式任选：部门 PK 部门、部门 PK 领导、个人 PK 领导、个人 PK 个人。

（2）主持人可邀请要 PK 的人上台或核心领导先带头 PK 等形式。

PK 时，当一方 PK 另外一方时，另一方要起立并答"到"，然后回答"接"与"不接"。注意：主持人必须是企业高管或者老总，根据实际情况灵活控场和煽热氛围。

4. 核对 PK 数据。PK 时有专人记录，PK 现场或会后要安排专人核对数据，可签字或按手印。

5. 将 PK 榜对外公布出来。

六、PK 监督

1. 越重要越大的项目，周期越长，监督越重要，并要学会鼓励 PK 参与者。

2. 监督人一定要充分沟通不愿意参与 PK 的人。

3. 当公司人数较少，PK 内容简单时，互相监督即可。

4. PK 从上至下进行，比如先领导、部门和个人，再部门和个人。

5. 做好激励和鼓励，不能轻言放弃。

6. 设立激励机制，比如：PK 王子、PK 女王、PK 皇帝、PK 皇后、PK 公主、PK 女神等，鼓励 PK 文化。

六、总结很多企业 PK 失败的七大原因

1. 老总高管不够坚定，重视度不够。

2. 没有循序渐进和坚持。

3. PK 方式没有吸引力。

4. PK 过激或 PK 软弱无力。

5. 没有形成好的 PK 氛围。

6. 不敢对破坏者实施硬手段。

7. 没有讲清楚为什么要 PK，员工积极性不够。

附表 2-1　PK 项目的创新

业绩方面	态度方面	特色方面	团队方面
月度业绩	巅峰勇士	歌王奖	精英团队
电话量	爱心天使	舞王奖	团队创新
回款速度	互助使者	金点子奖	转正速度
客户投诉	坚强战士	棋王奖	升职速度
滞销品销售	金牌服务	节约成本奖	总裁奖励速度

附表 2-2　PK 奖励的创新

奖励方面	权利方面	特殊爱好方面	特殊待遇方面
书包、笔记本	优先选人权	明星演唱会	和领导吃饭
钢笔、书法	优先用车权	去家乡上课	领导请父母旅游
珍藏品	活动抽奖权	体育门票	烛光晚宴
香水、化妆品	有权多请假	音乐门票	总裁亲笔信
生活用品	优先被提拔权	培训会门票	全家人旅游
证书、奖杯	优先选择奖品	展览会门票	不穿工装
荣誉牌、锦旗	优先选择市场权	画展门票	不打卡
鲜花	优先被培训权	健身房 VIP 卡	特殊办公室

附表 2-3　PK 称号的设立

部门	荣誉称号
销售部	销售王子、销售女神、乔吉拉德奖、十大销售天使
服务部	微笑天使、服务天使、十大最受欢迎服务天使
生产部	生产标兵、生产能手、鲁班奖、十大最有价值的先进生产者
设计部	首席设计师、最具潜质设计师、毕加索奖
保安部	安全卫士、保护神、十大勇士
后勤部	老黄牛、孺子牛、十大知心姐姐
其他部门	任何部门都能找到历史名人、直接拿来使用。《水浒传》中 108 将的绰号，直接拿来使用

工具五：个人公众承诺书

1. 我（　　　）向（　　　）公众承诺；
2. 我在（　　　）前要完成（　　　）；
3. 如果没达成（　　　）；
4. 如果达成（　　　）；
5. 承诺人（　　　）监督人（　　　）时间（　　　）；地点（　　　）；

工具六：集体公众承诺书

我宣誓：

在（　　　），我与我的团队将始终坚持（　　　）之使命，认证贯彻公司精神，全面落实公司决策，为达成公司年度各项业务目标，恪尽职守，尽心尽责，全力以赴，奋力拼搏。

我们（　　　）向（　　　）公众承诺，我们在（　　　）前要完成（　　　）如果没达成（　　　）；如果达成（　　　）；

承诺团队（　　　）时间（　　　）地点（　　　）

工具七：公众承诺榜

承诺人	职位	承诺内容	未达成目标	达成目标	监督人

工具八：干部早会

一、目的

1. 强化主管出勤。

2. 凝聚主管向心力。

3. 昨日工作小结。

4. 今日目标分解落实。

5. 主管教育、提升经营管理能力。

二、参加人员：各职能部门经理级以上人员

三、时间：8：40—9：00

四、地点：总经理办公室或者会议室

五、纪律

在早会规定开始时间后进入办公室者执行乐捐制度 10 元/分钟，总监 50 元/分钟，副总及总经理 100 元/分钟；如有特殊情况请假者，必须在前一天晚上十点钟之前向副总直接请假。

附表 2-4　干部早会操作表

序号	流程	时间	负责人	内容要求	注意事项
1	互道问好	8：40—8：42	轮值主持人	拥抱向好	每人需携带笔记本
2	出勤汇报	8：42—8：45	轮值主持人	部门出勤情况应到多少，实到多少	语言简练
3	情效分析（昨日工作总结及检查）	8：45—8：50	部门经理	各部门完成进度、昨日工作总结、重要问题解决	讲重点、关键点
4	今日工作目标分解	8：50—8：55	总经理	整体工作进度、部门工作进度、今日工作安排	
5	部门之间需要交流配合事项	8：55—8：57	轮值主持人	部门需告知需要其他部门配合的工作	需要记录
6	领导勉励加油	8：57—9：00	总经理	指导、指示、激励手叠放在一起；加油 yes！	

工具九：全员早会操作表

一、目的

1. 经营管理每日的出发点。

2. 教育训练的最佳场所与时机。

3. 工作管理的基础、出勤管理的闹钟。

4. 提升单位士气的广场，员工情绪的调节器。

二、作用

1. 教育：观念的引导，经营目标共识的达成、新知的学习。

2. 激励：正面、积极氛围的形成、成功吸引成功、树立标杆、每天好心情、士气高昂的保障。

3. 宣导：公司经营方向得以引导、公司经营理念得以深入、部门运作各项信息得以传递、团队精神得以塑造。

4. 早会附加价值：锻炼机会、新人观摩学习。

5. 传承公司企业文化。

三、会务

1. 要有主持人、DJ、新闻播报员、分享人、纪律检查员、迎宾。

2. 设场外、场内、后勤总监：场外总监作用是指挥迎宾，检查督促场外人员及中高管参加早会；场内总监作用是提前组织好场内所有人就座，安排好嘉宾席位，引位，场内 DJ、主持人等到位，物资到位，督促早会流程人员及环节准备就绪；后勤总监的作用是为早会提供一切物资准备。

附表 2-5　全员早会操作表

序号	流程	时间	负责人	内容要求	注意事项	
1	士气展示出勤汇报	9：05—9：05	部门最高领导	例：卓越部，应到 10 人，实到 10 人，我们的队名是：卓越部，我们的口号是——	音乐：阅兵进行曲；士气展示要求：动作整齐，士气高昂	
2	互道问好	9：05—9：05	主持人	握手，拥抱，问好	音乐：相家相爱一家人，主持人渲染氛围	

续表

序号	流程	时间	负责人	内容要求	注意事项
3	激情舞蹈	9：06—9：10	舞王舞后	要求：投入，激情	专人带舞
4	新闻早报	9：10—9：15	播报员	公司新闻、行业新闻、时政要闻、天气预报等	音乐：CCTV新闻联播，普通话标准、清晰
5	喜讯频道	9：15—9：20	主持人	公司喜讯、业务喜讯、其他喜讯	音乐：眉飞色舞，业务单位尽量每天设此环节
6	成功分享	9：20—9：25	出单人	成功心得，成功案例	音乐：非城勿忧，花花宇宙，一定要分享出单的关键点
7	专题进修	9：25—9：35	分享人（主管或者领导）	心态类、技能类	严格把控时间，内容提前准备
8	轻松时间	9：35—9：40	主持人	游戏、节目	本环节可选，一般周末最后一天
9	政令宣导	9：40—9：45	高管	员工须知道的公司文件、规定	本环节可选，一般周一安排
10	高管勉励使命结束	9：45—9：50	高管	主要激励员工	表扬，激励，不要批评

工具十：全员夕会操作表

一、目的

1. 掌握工作进程，表扬分享。

2. 解决问题，疗伤止痛。

二、作用

验收当天工作成果；追踪目标达成情况；提醒工作不足者；加强辅导沟通；业务技能训练；营造家的感觉。

附表2-6　全员夕会操作表

序号	流程	时间	负责人	内容要求	
1	互道问好	17：30—17：32	轮值主持人	拥抱、问好、恭喜	
2	出勤汇报	17：32—17：35	轮值主持人	部门出勤情况：应到多少，实到多少	
3	喜讯报道	17：35—17：40	部门经理	今日成绩；表扬	
4	三对照三检查 次日目标设定	17：40—18：00	部门经理	对照每天每人每件事；检查目标过程结果；次日目标工作量设定	
5	培训或演练	18：00—18：20	主管领导	部门需告知的工作；需要其他部门配合的工作	
6	激励 加油结束	18：20—18：22	总经理	指导、指示、激励；手叠放在一起喊：加油加油 yes	

工具十一：月度启动大会操作表

一、意义

是一个承上启下的大会，是一个振奋精神的大会，是吹起冲锋号角的大会，是凝聚企业文化的大会。

二、作用

总结上个月目标达成及分析；表彰上个月优秀部门与个人；分享成功经验和感人故事；设定本月总目标及各部门目标；宣导奖励计划，各部门表达决心；本月工作安排。

三、会务

1. 设场内、场外、后勤总监及个人岗位（主持人、DJ、白板组、签到组、迎宾组、纪律组、照相组、记录组）。

2. 会议前准备：通知参加人员月度启动大会的时间、地点、意义；统计上月获奖人员名单、准备奖品；各区域、各部门月度目标拟定、士气展示内容动员训练；会务岗位安排。

3. 时间一般在月初14：00—18：00。

附表2-7 阅读启动大会操作表

序号	流程	时间	负责人	内容要求	物资	音乐
1	签到入场	13：00—14：00	场外总监	督促场外	参会牌或胸花	欢迎音乐：欢迎进行曲
2	主持人上场互动	14：00—14：02	主持人	1. 激情开场； 2. 介绍嘉宾		上场：花花宇宙、眉飞色舞
3	激情舞蹈	14：02—14：10	舞王、舞后	投入、激情、领舞动作要大、台下有尖叫声		见《招商系统音乐包》
4	士气展示	14：10—14：20	主持人、各部门	1. 军姿整齐有力； 2. 有创意； 3. 士气盛； 4. 有队名、队呼		
5	领导致辞总结	14：20—14：40	高管	1. 欢迎嘉宾； 2. 总结上月成绩与不足； 3. 表扬好人好事； 4. 提出希望		上场音乐：向前冲
6	颁奖仪式	14：40—15：00	主持人	1. 获奖名单公布； 2. 上台颁奖； 3. 嘉宾高管颁奖； 4. 获奖感言； 5. 合影留念	1. 奖杯、锦旗、证书、奖金、礼品等物资； 2. 录像机、照相机	颁奖音乐：拉德斯进行曲、蒙勇七蛟龙
7	嘉宾分享	15：00—15：20	场内总监	1. 分享成功经验； 2. 激励我司员工		上场音乐：向前冲
8	穿插节目	15：20—16：00	节目负责人	游戏、节目、带热整场氛围		

续表

序号	流程	时间	负责人	内容要求	物资	音乐
9	部门目标设定	16:00—16:30	高管主持	1. 部门负责人集中舞台； 2. 宣布本部门目标及达成奖励和达不成处罚； 3. 与台下部门人员表决心	录像机、照相机	上场音乐：向前冲
10	工作安排	16:30—17:15	高管	1. 本月公司整体目标； 2. 目标分解； 3. 奖励计划	电脑投影展示	上场音乐：向前冲
11	共进晚宴	18:00—18:30	高管	领导祝酒词		晚宴轻音乐
12	上月PK兑现	18:30—18:50	高管主持	1. 宣读PK结果； 2. 上台奉上PK金； 3. 胜方简单分享		音乐：西班牙斗牛曲
13	本月PK启动	18:50—19:30	高管主持	部门挑战（PK金500元），如：卓越部挑战超越部，超越部：接	白板、白板笔、照相机	上场音乐：向前冲、豪勇七蛟龙
14	领导动员	19:30—19:45	总经理	方向、目标、坚定、希望		上场音乐：向前冲
15	朗诵文化激情歌曲	19:45—20:00	主持人	所有人全体起立，共同大声朗诵企业文化，唱同歌，最后要激情，不要虎头蛇尾		司歌、步步高、众人划桨开大船

工具十二：招商会流程操作表

8：00—12：00 布置会场、彩排

场外布置：

1. 签到桌椅、指示牌准备完毕。

2. 产品、主讲嘉宾、主讲老师、公司宣传易拉宝摆放完毕。

场内布置：

1. 会场背景布搭建完毕。

2. 桌椅、茶水、学员资料摆放。

3. 场内 X 展架及易拉宝摆放。

4. 投影仪、音乐、麦克风、课件、视频等必须调试。

5. 会场内部产品展示台摆放。

6. 准备好老师所需要的白板 1 个、白板笔 4 个、抽纸 1 包、水杯 1 个。

整体彩排：流程过 3 次以上。

12：00—12：30 集合点名及助教训练

1. 全体助教在指定地点集合、宣布助教纪律、注意事项。

2. 明确各总监和各组成员及职责，分发助教牌及对讲机。

3. 舞蹈调整状态、桌长鼓掌训练。

12：30—13：30 客户签到、入场

1. 响起入场音乐，同时主持人开始欢迎学员入场，同时迎宾组引导学员尽量往前坐，主持人宣布纪律。

2. 播放公司宣传视频。

3. 让客户填写调研表。

13：30—13：40 团队风采展示

1. 场外总监要求签到组统计出签到总表，同时迎宾组撤岗，场外留 1 人值班。

2. 后勤人员准备好茶歇。

3. 主持人隐形报幕。

4. 团队风采展示、舞蹈热场。

13：40—13：50 主持人登台

破冰、暖场并引导董事长或者重要嘉宾出场。

13：50—14：50 董事长分享

1. 公司领导上场同时响起上场音乐。

2. 分享自己一路创业历程。

3. 宣导公司的梦想、自己的起心动念、表决心号召和呼吁。

14：50—15：00 主持人上场

1. 感谢董事长的倾情分享。

2. 概括性总结董事长的分享。

3. 介绍主讲嘉宾（泛指主讲老师）的详细资料。

4. 引导主讲嘉宾出场。

15：00—16：00 主讲嘉宾分享

1. 引导出公司的商机和项目。

2. 巧妙带出产品或项目负责人介绍产品项目。

16：00—16：30 产品和项目经理分享

1. 项目商机的介绍。

2. 资源优势的突出。

3. 项目加盟政策的介绍。

4. 带出公司金牌或者粉丝站台做信任背书。

5. 同时塑造主讲嘉宾接下来的分享，并引导主讲嘉宾。

16：30—18：00 主讲嘉宾铺垫、塑造、引爆

1. 主讲嘉宾铺垫、塑造之后，会带出成交。

2. 当老师发出成交信号，DJ 和桌长要高度集中。

3. 成交的时候 DJ 要播放成交音乐，桌长开始踢单，主持人开始唱单。

18：00—18：30 总督导协调所有桌长

1. 引导意向客户到贵宾室和总经理继续沟通成交。

2. 所有客户离开会场后，会务组人员集合进行总结。

3. 所有员工开始清点物资和物资打包。

18：30—22：00 签约

1. 签约客户、定金客户、意向客户一起晚宴。

2. 董事长陪同签约客户，销售负责人继续跟进定金客户和意向客户，促成成交。

3. 防范客户负面影响。

4. 财务人员做好准备。

工具十三：企业常见招聘渠道的对比表

附表 2-8　企业常见招聘渠道对比表

招聘渠道	主要优点	主要缺点	备注
网络渠道	主流招聘方式，企业可以快捷、海量接收求职者信息、提高简历处理效率	不能控制应聘者的质量和数量	各种人才
媒体广告	目标受众接受概率高，还可以提升企业在当地知名度，有效宣传业务，一举多得	会吸引很多不合格的应聘者，延长招聘周期，费用较高	各种人才
人才招聘会	传统的人才招聘方式，企业可以和应聘者面对面交流	受到展会主办方推广力度影响，求职者数量、质量难以保证	各种人才
校园招聘会	提高企业在校的知名度，为企业储备人才库，费用较低	应届生缺乏经验，培养成本高，流动性大	应届生
人才市场	招聘速度快，费用较低，效率较高，适合招聘基层人才	对中高级人才没有吸引力，没有真才实干的人	基层人才
内部招聘	招聘针对性强、招聘效率高、招聘成本低	易近亲繁殖，形成派系，组织决策时缺乏差异化建议，不利于管理创新和变革	各种人才
外部招聘	由熟人推荐，人才素质较为可靠	效率低，不适合急用人才	
猎头	招聘过程隐秘，能在短期内快速、定向寻找企业所需高端人才	招聘成本相对较高，通常是猎头年薪的 20%～30%	高端人才
微信等新媒介	招聘费用低、速度快、效率高，适合招聘基层人才	广告太多，效果不明显，针对性不强，且复制性不强	各种人才
离职老员工	上手快、知根知底，需要认真了解与沟通才能确认录用	有再次离开的风险，会有老员工不珍惜，甚至起到负面作用	各种人才

工具十四：面试有效问话模式

有效问话话术：面试是求职者倍感煎熬的时刻，要在短时间内快速了解一个人，并判断是否适合岗位，所在部门负责人会不会满意，能不能适应企业文化等并不容易。

特别整理一份提问清单，有针对性地挑选问题，更高效地摸清应聘者的工作经验、性格和生活态度等，做出最专业的判断。

一、简单寒暄

面试开始前，通过几个问题简单寒暄，拉近彼此距离，同时也可以对应聘者的衣着、精神面貌、肢体语言、口头禅、礼貌用语等做一个初步判断。

1. 你怎么过来的？交通还方便吧？

2. 到这里要多长时间？

3. 你的家乡是哪里？

4. 来这座城市多长时间了？对这个城市印象如何？

二、考察语言表达能力

注意应聘者的语言逻辑性、用语修辞度、口头禅、语言波幅等。

1. 你先用 3~5 分钟介绍一下自己。

2. 请说说你最近服务的这家公司基本情况（规模、产品、市场）。

3. 你在目前工作岗位中主要有哪些工作内容？主要顾客有哪些？

4. 请你简要介绍一下自己的求学经历。

5. 请你简要介绍一下自己的成长经历。

三、考察灵活应变能力

这涉及应聘者的工作态度与价值观。

1. 你为何要离开目前服务的这家公司？（答案可能是待遇或成长空间或氛围等，待回答完毕后继续发问。）

①你和你的主管上级有没有针对以上问题沟通过？（如果没有，问其原因；如果有，问其过程和结果。）

2. 除了你的工作经历，你还会去关注哪些领域？（或有没有其他潜在兴趣，或是否想过尝试，从事其他职业。）

①（若有，继续发问）你觉得这跟你目前要从事的职业有哪些利弊关系？

②（若无，继续发问）针对你的知识结构有些狭隘的方面，说说未来的改善计划？

3. 你在选择工作时更看重的是什么？（可能是成长空间、培训机会、发挥平台、薪酬等。）

①（若薪酬不排在第一，可继续发问）你可不可以说说你在薪酬方面的心理预期呢？

②（待回答完毕后）那你刚才的意思也可以这样理解：薪酬方面可以适当低于你的心理预期，对吗？

③（若薪酬显得不太让步，继续发问）有人说挣未来比挣钱更为重要，你怎样理解？

④（若薪酬排在第一，继续发问）有人说值钱比赚钱更为重要，你怎么样理解？

4. 你觉得你在以前类似我司提供的这个岗位上，有哪些方面不足？

①（若答有，问）你打算在以后的工作中采取哪些改善措施？

②（待回答完毕后，继续发问）你再想想如果到我们公司来任职还有没有补充改善措施？

③（若答无，问）你认为你能胜任我们提供给你的这份工作吗？

四、考察兴趣爱好

这关系到应聘者的知识广博和学习能力。

1. 你工作之余有哪些爱好？兴趣中有没有比较擅长的？

2. 你在大学的专业课中最感兴趣的是哪一门？

3. 就你个人的理解说说你对我们公司所处的行业前景和生存途径的看法。

4. 谈谈你目前想去学习或弥补的知识。

5. 如果让你重新选择一次，你对自己的专业会有所改变吗？

五、考察情绪控制力

招聘时，应该尽量了解应聘者对压力的承受能力。

1. 工作与生活历程并不是一帆风顺，谈谈你的工作或生活或求学经历中出现的挫折和低潮，你是如何克服的？

2. 请你举一个你亲身经历的事例来说明，你对困难或挫折有一定的承受力？

3. 假如你的上司是一个非常严厉、领导手腕强硬，时常给你巨大压力的人，你觉得这种领导方式对你有何利弊？

4. 你有没有经历过失业或暂时待业经历，谈谈那时的生活态度和心情。

5. 假如有个人在公众场合揭你短，或揭露你的隐私，你怎么样处理？

6. 谈谈在以往职业生涯中最有压力的一两件事，并说说你是怎么处理的？

六、考察上进心与自信心

1. 你认为自己具备什么样的条件胜任这份工作？

2. 说说你未来3~5年的职业规划。

3. 你如何看待学校的学习与工作中的学习。

4. 谈谈你最近的充电经历，并说说它对你的益处。

5. 谈谈你认真追求过的一件事或一个人，并说说过程和结果。

七、考察感恩与价值观

1. 在过去的工作经历中，对你最有帮助的有哪些人？

2. 请你评价一下你上一家工作企业的老板与上司？

3. 如果上一家公司希望你回去工作，你愿意接受吗？为什么？

4. 在公司中总有一些负面的人，你如何看待他们？

5. 如果下属不愿意与你合作，影响到你工作的开展，你怎么办？

八、考察专业能力与经验

1. 请谈谈过去工作中的成功与失败之处？

2. 举一个例子，证明你的能力与经验达到行业或专业不错的水平？

3. 如果你来到我们公司，你会从哪里开始？如果前期只做三件事，会是哪三件？

4. 假如你过去的能力、经验，在我们这里很多用不上，怎么办？

九、考察团队精神

1. 你认为一个好的团队管理者应具备哪些素质？为什么？

2. 请你讲下所在的团队中遇到的最有挑战的事情，你是如何去完成的？

3. 你认为如何打造高绩效的团队？

4. 你认为做一个好员工和一个好领导有什么区别？

5. 若团队中有害群之马会给团队带来什么样的问题？如何解决？

十、考察管理能力

1. 你认为企业管理人员应该具备的关键素质是什么？

2. 你如何考核手下人员？简述一下考核流程，列出关键考核指标。

3. 手下人员业绩不达标，你是如何让他们快速提升绩效的？

4. 如何提升手下人员的工作效率？

5. 如何获得手下人员对你的信任？

6. 手下人员的分工标准是什么？

十一、考察决策分析能力

1. 简单讲述你目前所在的公司重大事项决策流程。

2. 请说说你做出决策的过程和决策依据。

3. 公司领导让你做一个产品市场调查之后再决定是否做这个产品，你做了很长时间发现很难决策，这种情况你该怎么办？

十二、考察独立性和互动性

1. 假设你的领导不在，你不得不做出超出你权限的决定，你怎么做？

2. 假设给你分配一个项目，这个项目除了完成期限，没有任何可以参考的历史数据，你该怎么开始这个项目？

3. 在你以前的工作中，你曾经解决过多少属于别人的职责范围而不属于你职责范围的一些问题？

工具十五：岗位应聘者评估表

附表2-9 岗位应聘者评估表

序号	应聘者回答问题的测评点	评分					
		5	4	3	2	1	小计
1	在谈话中是否对应聘岗位有明显的兴奋点？						
2	在过去的工作中（学校里）有无解决工作问题的能力？						
3	在交流过程中回答问题是否切题与逻辑性强？						
4	在应答过程中，对应聘岗位的了解程度和准备有多少？						
5	对方是否表现出语气诚恳（声音坚定），并不使用负面语言？						
6	对方在交流过程中是否有明显的肢体语言表达？						
7	工作（家庭、学校）中认同的价值观是否与公司匹配？						

序号	应聘者回答问题的测评点	评分					小计
		5	4	3	2	1	
8	对方对这份工作是否有明确的动机和渴求（目标）？						
9	在交流过程中，对方的表情与眼神是否自然？						
10	此人是否表现出热情和礼貌的动作？						

工具十六：新员工入职"十二个一"工作

1. 一封信：高管集体签名的欢迎信。

2. 一张日程表：入职当月安排。

3. 一个团队微信群：发红包表示欢迎，方便沟通。

4. 一份生活指南：周边餐厅、公交车站、地铁、银行等。

5. 一个主动的关心：这个新人很看重。

6. 一个隆重的欢迎仪式：让员工进公司第一天就有归属感。

7. 一个师傅：导师带徒弟一起成长，进行传帮带。

8. 一份合同：劳动合同、保密协议一起签，正式入职确认。

9. 一套工装：让新员工拥有安定感。

10. 一份文化经书：让新员工尽快融入公司文化。

11. 一份销售手册：让新员工知道如何开拓业务，这个最重要。

12. 一次公司参观：安排专人认真介绍公司商业宣传走廊。

工具十七：精神激励团队的常用实操方法

1. 随时随地地肯定和赞美业绩明星员工。

2. 将优秀员工照片张贴在公司或厂房最耀眼的地方。

3. 开早会或其他会议点名表扬。

4. 业绩冠军奖励老板单独请吃饭且合影。

5. 奖励业绩明星旅游或带家人一起旅游或洗脚等。

6. 将优秀员工请到办公室单独沟通，鼓励向更高的目标及职位挑战。

7. 用优秀员工的名字命名工艺或公司文化。

8. 优秀员工上网站或月报。

9. 业绩排名激励。

10. 公司贴激励语言马上行动等。

11. 团队荣誉激励、做易拉宝。

12. 给优秀员工家里发贺电或父母奖金。

13. 给做出成绩的员工休假。

14. PK 激励。

15. 公众承诺。

16. 负激励、达不成走人。

17. 制作"优秀员工"胸卡，分等级表现出来。

18. 将优秀员工的照片挂在宣传栏制作成名人堂、精英殿。

19. 请员工到家里做客。

20. 员工生日时送生日贺卡和生日蛋糕。

21. 公司大型活动时请优秀员工抽奖。

22. 把客户的表扬信张贴出来。

23. 给优秀员工做雕像，媒体、报纸网络等表现出来。

工具十八：打造学习型组织

常放的歌曲	必会的舞蹈	必看的书籍	必看的电影

工具十九：我要做

我要做一个有结果的人。只要把工作交给我，我一定把它完成，我用结果证明而不是用语言证明自己，我在课程现场就要拿到结果。

我要做一个积极主动的人。我的工作品质一定超出上级对我的期望。我知道工作的品质就是做人的品质，对工作负责就是对生命负责。

我要做一个勤奋努力的人。8小时以内求生存，8小时以外求发展，赢在别人休息时。我的付出绝不亚于任何人的努力。

我要做一个懂得感恩的人。感恩父母的养育之恩，感恩老板搭建公司平台并给我学习成长的机会，感恩客户对我的信任，把解决问题的机会交给我。我要感恩一切帮助过我成长的人。

工具二十：成交心法

小成交产品，中成交思想，大成交能量场。

成交一切为了爱，敢成交者有大爱！

我热爱成交，人生无处不成交，无时不成交，无人不成交，无所不成交。

我热爱成交，我的起心动念永远考虑客户的利益。

我永远把帮助客户解决问题放在销售产品之前！

我热爱成交，没有完美的产品和完美的条件，我要在不完美的条件下拿到结果！

要想更好地成交，先要愿意被成交，我要拥抱成交。

相信带来力量，我相信公司、相信产品、相信自己。

我热爱成交，我要做一个正能量的成交高手。

跋

民企突围，抱团破局

1. 民营企业有重大贡献

自改革开放以来，民营企业一直冲在国家经济增长的前线，为国家经济发展做出了不可磨灭的贡献。目前我国的中小民营企业有 4900 多万家，在国家企业总量中的占比为 92.3%。有了民营经济的不断发展，才有我国经济的不断进步。

民营企业为中国的社会稳定打下了坚实的根基，民营企业解决了中国一部分城镇劳动力就业，而一个又一个的雇员背后是千千万万个家庭。民营经济的不断发展才有这些家庭的收入提高，才有国民消费水平的整体上升。

2. 过去主要靠机遇

这些年民营经济的蓬勃发展更多地依赖于国家大势的崛起，中国经济对外开放、世界经济的融合、中国本土用工条件和制造业的基础、我国政府在世界经济全球化中的合理定位等因素都为民营经济的发展提供了肥沃的土壤和极佳的环境。

之前赚钱的方式比较简单，只要敢闯敢干，能把握住时代红利的民企都能赚到非常可观的财富，开工厂、做贸易、干销售、建房子、搞运输、开门店……在时代的大潮之下赚钱是件轻松的事情。

3. 现在面临大挑战

近几年诸多民企的日子越来越不好过，周围颇有一种寒气逼人的感觉。单纯做工厂的要么没有订单、要么利润极低，单纯开门店的客流量不断下滑，做贸易的想单纯靠把货进来再批发出去的方式赚钱也不奏效了……

在中国的经济从快速发展到高质量发展的过程中，对民营企业家的要求也发生了翻天覆地的改变，从老板的视野、格局、决断到团队的组织优化、能力提升都与之前有所不同，这成为摆在我们民企面前的巨大挑战。

4. 未来怎么办

总体来说，民营企业的创新有两条路：一条是科技创新，另一条是模式创新。蒸汽机引领第一次工业革命改变世界进程，这是科技创新的力量。弗雷德里克·温斯洛·泰勒研究科学管理带动美国乃至世界体力工作者效能爆发式的提升，这是模式创新的力量。

民企在前期资金、资源充足的情况下要先学会在模式创新上进行突破，有钱了再将更多资本投入搭配科技研发，就像华为先是代理其他厂家的产品，建立销售"铁军"，业绩起来后再大力投入研发是一个道理。

5. 陪伴这个时代最有梦想的人

笔者辅导民营企业近10年时间，一直和民企一起尝试更高效、更快速的模式，本书就是在不断实践中总结出来的几大方向突破。

在笔者看来，民营企业家有梦想、有野心、有魄力、有执行力，敢为天下先，一直站在时代的风口浪尖，是时代的弄潮儿。

笔者的使命就是要陪伴这个时代最有梦想的人，我们一起抱团取暖、共同破局，为中国经济的发展贡献自身最大的力量！